駝峰生命線 上
——抗戰時期印緬物資內運紀錄（1942-1945）

The Hump
Historical Documents of Inward Transport from India and Burma, 1942-1945
- Section I

編輯說明

　　1937 年 7 月抗戰開始，除了國內的各項資源往西
南大後方遷移以外，如何將國外的資源運入國內，也是
國民政府關注的焦點。隨著戰局遞移，日軍逐步封鎖中
國的海岸線，更在 1940 年 6 月歐戰變化，法國政府投
降之後，壓迫英、法兩國政府，暫停滇緬、滇越的交通
路線。雖然滇緬公路在幾個月後重啟，但太平洋戰爭爆
發不久，緬甸失守，使得抗戰時期國外資源進入中國的
路線，除了走土西鐵路繞一大圈經過蘇聯與新疆，就只
有中印之間的「駝峰生命線」了。

　　1942 年 4 月，美國陸軍航空隊開始了這條從印度
出發，飛越層層高山的危險航線。5 月，國民政府召集
軍政部、航空委員會、後勤部、交通部、經濟部、財政
部、衛生署、運輸統制局，新設一個軍事委員會運輸統
制局物資內運優先管制委員會，以便與美軍協調，美國
租借法案物資、美國借款購買物資、國民政府自購物
資，如何安排運回國內。之後，中國航空公司獲得美國
援助運輸機，也加入了中印空運的陣容。

　　因應戰局的發展，並配合美國的要求，軍事委員會
運輸統制局物資內運優先管制委員會在 1943 年由軍事
委員會運輸會議物資內運優先管制會議取代，在 1944 年
底，又改由全新設立的戰時生產局運輸優先會議負責。

　　中印空運，反映出國民政府與美國陸軍（史迪威將
軍）的矛盾。國民政府希望可以發揮最大運能，充實國

內軍事、建設等各項需求，而美國陸軍則認為物資應該優先撥給第十四航空隊（包含中美混合團）、X 部隊（駐印軍）、Y 部隊（滇西遠征軍）、Z 部隊（後續換裝美械的三十個師）。除此之外，國內各部會各有規劃，在開會時紛紛表態爭取有限的空運噸位，在裁決之際，也可以看出國民政府的優先順位，穩定金融的鈔券、製作武器的兵工材料、擴大生產的資源設備，孰輕孰重。

中印空運的這條「駝峰生命線」，因為第二次世界大戰結束，美國開始復員計畫，1945 年 10 月底便停止了與我國簽訂的空運合約，由中國航空公司繼續運輸存放在印度的物資回國，至 11 月 16 日，「駝峰生命線」正式畫下句點。

本書依照開會日期排序錄入 1942 年 5 月 19 日軍事委員會運輸統制局物資內運優先管制委員會第一次會議至 1945 年 11 月 16 日戰時生產局運輸優先會議第十一次會議的紀錄，並附加航空委員會駐印辦事處在中印空運行將結束時所提出的業務報告。

為便利閱讀，部分罕用字、簡字、通同字，在不影響文意下，改以現行字標示，恕不一一標注。無法辨識或被蟲蛀的文字，以■呈現。本社編輯時的附註，則以【 】表示。

目錄

編輯說明 I

組織與法規 1

運輸統制局物資內運優先管制委員會委員名單 3

運輸統制局物資內運優先管制委員會辦事細則 4

運輸統制局物資內運優先管制委員會組織規程 6

夏憲講電資源委員會關於印緬物資內運各機關起運

先後事抄呈周賢頌來函一件電請鑒督由 8

印緬物資內運優先管制辦法要點 10

交通部公路總局國際運輸委員會組織規程草案 12

戰時生產局運輸優先委員會組織規程 14

一九四二年紀錄 17

運輸統制局內運優先管制委員會第一次開會情形 19

物資內運優先管制委員會第二次會報紀錄 20

物資內運優先管制委員會第三次會報紀錄 25

物資內運優先管制委員會第四次會報紀錄 27

物資內運優先管制委員會第五次會報記錄 30

物資內運優先管制委員會第六次會報記錄 32

物資內運優先管制委員會第七次會報紀錄 35

物資內運優先管制委員會第八次會報紀錄 38

物資內運優先管制委員會第九次會報紀錄 41

物資內運優先管制委員會第十次會報紀錄 49

物資內運優先管制委員會第十一次會報紀錄 51

物資內運優先管制委員會第十二次會議紀錄 56

物資內運優先管制委員會第十三次會議紀錄 61

物資內運優先管制委員會第十四次會議紀錄 65

物資內運優先管制委員會第十五次會議紀錄 69

物資內運優先管制委員會第十六次會議紀錄 72

物資內運優先管制委員會第十七次會議紀錄 75

物資內運優先管制委員會第十八次會議紀錄 79

物資內運優先管制委員會第十九次會議紀錄 84

物資內運優先管制委員會第二十次會議紀錄 88

物資內運優先管制委員會第二十一次會議紀錄 91

物資內運優先管制委員會第二十二次會議紀錄 94

物資內運優先管制委員會第二十三次會議紀錄 98

物資內運優先管制委員會第二十四次會議紀錄 101

物資內運優先管制委員會第二十五次會議紀錄 105

物資內運優先管制委員會第二十六次會議紀錄 109

物資內運優先管制委員會第二十七次會議紀錄 113

物資內運優先管制委員會第二十八次會議紀錄 116

物資內運優先管制委員會第二十九次會議紀錄 119

物資內運優先管制委員會第三十次會議紀錄 122

物資內運優先管制委員會第三十一次會議紀錄 126

物資內運優先管制委員會第三十二次會議紀錄 129

一九四三年紀錄 133

軍事委員會運輸會議物資內運優先管制會議

第一次會議紀錄 135

軍事委員會運輸會議物資內運優先管制會議

第二次會議紀錄 139

軍事委員會運輸會議物資內運優先管制會議

第三次會議紀錄 142

交通部公路總局國際運輸委員會

第一次會議紀錄 146

軍事委員會運輸會議物資內運優先管制會議

第四次會議紀錄 150

軍事委員會運輸會議物資內運優先管制會議

第五次會議紀錄 154

中央各機關駐印代表臨時會議紀錄 157

軍事委員會運輸會議物資內運優先管制會議

第六次會議紀錄 160

軍事委員會運輸會議物資內運優先管制會議

第七次會議紀錄 164

軍事委員會運輸會議物資內運優先管制會議

第八次會議紀錄 167

中央各機關駐印代表臨時會議紀錄 172

軍事委員會運輸會議物資內運優先管制會議

第九次會議紀錄 178

軍事委員會運輸會議物資內運優先管制會議

第十次會議紀錄 182

軍事委員會運輸會議物資內運優先管制會議

第十一次會議紀錄 185

軍事委員會運輸會議物資內運優先管制會議

第十二次會議紀錄 189

軍事委員會運輸會議物資內運優先管制會議

第十三次會議紀錄 191

軍事委員會運輸會議物資內運優先管制會議

第十四次會議紀錄 194

軍事委員會運輸會議物資內運優先管制會議

第十五次會議紀錄 197

軍事委員會運輸會議物資內運優先管制會議

第十六次會議紀錄 200

軍事委員會運輸會議物資內運優先管制會議

第十七次會議紀錄 203

軍事委員會運輸會議物資內運優先管制會議

第十八次會議紀錄 206

軍事委員會運輸會議物資內運優先管制會議

第十九次會議紀錄 209

軍事委員會運輸會議物資內運優先管制會議

第二十次會議紀錄 215

軍事委員會運輸會議物資內運優先管制會議

第二十一次會議紀錄 219

軍事委員會運輸會議物資內運優先管制會議

第二十二次會議紀錄 222

軍事委員會運輸會議物資內運優先管制會議

第二十三次會議紀錄 224

軍事委員會運輸會議物資內運優先管制會議

第二十四次會議紀錄 230

軍事委員會運輸會議第十次業務會報紀錄 234

軍事委員會運輸會議物資內運優先管制會議

第二十五次會議紀錄 239

軍事委員會運輸會議物資內運優先管制會議

第二十六次會議紀錄 243

軍事委員會運輸會議物資內運優先管制會議

第二十七次會議紀錄 245

軍事委員會運輸會議物資內運優先管制會議

第二十八次會議紀錄 248

資源委員會駐印三代表運輸會議報告 252

軍事委員會運輸會議物資內運優先管制會議

第二十九次會議紀錄 260

軍事委員會運輸會議物資內運優先管制會議

第三十次會議紀錄 264

軍事委員會運輸會議物資內運優先管制會議

第三十一次會議紀錄 266

軍事委員會運輸會議物資內運優先管制會議

第三十二次會議紀錄 269

軍事委員會運輸會議物資內運優先管制會議

第三十三次會議紀錄 273

軍事委員會運輸會議物資內運優先管制會議

第三十四次會議紀錄 278

軍事委員會運輸會議物資內運優先管制會議

第三十五次會議紀錄 281

軍事委員會運輸會議物資內運優先管制會議

第三十六次會議紀錄 284

軍事委員會運輸會議物資內運優先管制會議

第三十七次會議紀錄 287

軍事委員會運輸會議物資內運優先管制會議

第三十八次會議紀錄 291

軍事委員會運輸會議物資內運優先管制會議

第三十九次會議紀錄 295

軍事委員會運輸會議物資內運優先管制會議

第四十次會議紀錄 299

軍事委員會運輸會議物資內運優先管制會議

第四十一次會議紀錄 302

軍事委員會運輸會議物資內運優先管制會議

第四十二次會議紀錄 306

軍事委員會運輸會議物資內運優先管制會議

第四十三次會議紀錄 310

軍事委員會運輸會議物資內運優先管制會議

第四十四次會議紀錄 314

軍事委員會運輸會議物資內運優先管制會議

第四十五次會議紀錄 318

軍事委員會運輸會議物資內運優先管制會議

第四十六次會議紀錄 321

組織與法規

運輸統制局
物資內運優先管制委員會委員名單

軍政部　　　　二人　俞大維

航空委員會　　一人　劉敬宜

後勤部　　　　一人　朱萍秋

交通部　　　　一人　潘光迥

經濟部　　　　一人　蔣易均

財政部　　　　一人　童季齡

衛生署　　　　一人　沈克非

運輸統制局　若干人　錢大鈞　項雄霄　龔學遂

運輸統制局
物資內運優先管制委員會辦事細則

民國 31 年 5 月

一、本會為辦事需要，應在運輸統制局所屬主管部份
　　中指派職員若干人分辦下列事項：
　　（1）會報紀錄及整理；
　　（2）文電之撰譯；
　　（3）收發繕校；
　　（4）表報之核計繪製；
　　（5）與國防供應公司駐印代表陳長桐及其他機關
　　　　　取得聯絡。
二、本會委員之任務如下：
　　（1）軍政部及航空委員會所派委員擔任軍品內運
　　　　　程序之擬訂、審核及有關研究或調查事項。
　　（2）財政部、經濟部、衛生署所派委員擔任其他
　　　　　內運輸物資程序之擬訂、審核及有關研究或
　　　　　調查事項。
　　（3）運輸統制局及後方勤務部所派委員擔任綜合物
　　　　　資內運工作之整理、審核及一切實施事項。
三、本會規定每星期二下午三時召開例會一次。
四、例會之任務如下：
　　（1）各線物資交、接、運數量準備週報之審訂。
　　（2）各線物資起運與到達數量統計週報之檢討。
　　（3）決定或調整各線物資之運輸緩急及運量比率。

（4）其他有關優先內運物資之檢討事項。

（5）關於運輸情況之報告事項。

五、凡經本會議決之事項，呈請參謀總長核定後，除知照中緬運輸總局及有關部份外，即逕交駐印專員及中緬運輸總局、加爾各搭辦事處負責執行。

六、本會應行實施事項仍以運輸統制局名義分行辦理。

七、本會為求執行便利起見，另行訂定擬訂「印緬內運物資執行聯繫辦法」，責成駐印專員及中緬運輸總局駐印辦事處依照實施。

八、本會經常業務除責成指定之職員辦理外，必要時仍須交由主管部份會核承辦，以期週要。

九、本細則經運輸統制局核准後施行。

運輸統制局
物資內運優先管制委員會組織規程

民國 31 年 5 月

一、運輸統制局為辦理印緬物資內運管制事宜，特設
　　物資內運優先管制委員會（以下稱本會）。

二、本會組織如左：

　　主任委員由運輸統制局派充。

　　委員　軍政部　　　　二人

　　　　　航空委員會　　一人

　　　　　後勤部　　　　一人

　　　　　交通部　　　　一人

　　　　　經濟部　　　　一人

　　　　　財政部　　　　一人

　　　　　衛生署　　　　一人

　　　　　運輸統制局　若干人

三、本會任務如左：

　　（一）支配調整各類物資運輸緩急順序及運量之
　　　　　比率。

　　（二）與物資機關及運輸機關切取連繫，並調查
　　　　　待運物資之種類、數量及運輸力。

　　（三）考查運輸之成果，並研究促進之方法。

四、物資內運之管制要領如左：

　　（一）內運順序以軍品為第一位，國防有關之建設
　　　　　生產物資為第二位，民生需用品為第三位。

（二）各位物資運量之比率及同位間各類物資之比率，依照軍事情況需要適宜定之，並隨時調整之。

（三）優先位之物資遇有欠缺時，以其次位物資遞補之；同位內之優先類物資遇有欠缺時，以其次類物遞補之。

（四）回程之運輸工具應為辦運物資利用。

（五）交運接運之物資須適時完成其交接之準備。

五、本會每星期開例會一次，必要時並得召開臨時會。

六、本會決議事項呈請參謀總長裁奪後，分交主管物資及運輸執行機關依照實施。

七、本規程由運輸統制局呈准施行。

夏憲講電資源委員會關於印緬物資內運各機關起運先後事抄呈周賢頌來函一件電請鑒督由

民國 31 年 6 月 1 日

加字第六九號

重慶資源委員會主任委員蔣、副主任委員錢鈞鑒：

前准中緬運輸局加爾喀答辦事處周處長賢頌加總字第七五號函略謂：「奉俞部長辰真電轉奉何總長齊參電，以關於中緬物資內運，業准馬格路德建議，在運統局組一優先管制委員會，由運、軍、勤、航、交、財、經、衛各部會署派員參加，議定各單位內運物資噸數，規定各類起運順序，由何總長核定後，將詳單分送美代表及俞部長，又俞部長駐印首席代表應在印協助美國惠勒及萊頓將軍辦理運輸優先事宜，各部在印代表凡關於上項事宜亦應由其統一指導。俞部長現派賢頌為首席代表，業已遵命就職，請查照。」等由，准此，除分呈經濟部外，理合抄附原函報請鑒督。

職夏憲講叩東

附抄原函一件。

照抄中緬運輸局加爾喀答辦事處周處長加總字第七十五號函一件

31 年 5 月 20 日

逕啟者：

　　案奉俞部長辰真電開「奉總長齊參電開，前為印緬物資內運，業准馬格路德建議在運統局組一優先委管制委員會，由運、軍、勤、航、交、財、經、衛各部會署派員參加，議定各單位內運物資噸數，規定各類起運順序，由弟核定後，將詳單分送美代表及兄之駐印之首席代表姓名見告。再此代表應飭其在印協助美國惠勒及萊頓將軍辦理運輸優先事宜。各部會在印代表凡關於上項事宜，亦應由其統一指導，希照辦並復等因，亦派兄為首席代表，除電復外特電查照。」等因，賢頌遵於即日受命就職，除呈報外相應亦達，敬希查照為荷。

此致經濟部夏代表

　　　　　　　中緬運輸局加爾咯答辦事處處長周賢頌啟

印緬物資內運優先管制辦法要點

一、為適應國防需要，我國所有在印緬之物資，應即
分別輕重緩急順序內運，由運輸統制局設一優先
管制委員會主持之。

二、前項優先管制委員會由運輸統制局派一主任委員，
後方勤務部派一副主任委員，其他有物資內運之機
關，如軍政部、航空委員會、交通部、經濟部、財
政部各派一委員組成之。

三、運輸優先管制委員會每週例會一次，必要時將增
減之，擬定各該單位間內運物資數量分配之百分
比，呈請參謀總長議定。至各該單位配給運量項下
各項物資內運之先後次序，則由各該單位自行決
定，適時通知運輸優先管制委員會彙辦，由參謀總
長轉知美國代表團及我國運輸機關，再由美國軍事
代表團通知美國駐印供應司令及空運司令接序運
輸，並由我國運輸機關接運。

四、已配給運量之單位，若無物資內運時，其原分配之
運量應由優先管制委員會重行分配，起運其他單位
之重要物品，不得由原單位逕行轉讓。

五、優先管制委員會至遲應於物資請運二週前，將應
列三項比例數及詳單呈奉核定，以五份交美國軍
事代表團，一份交後方勤務部俞部長，一份交俞部
長駐印代表處，分別查照辦理，應調製之比例數及
詳單如次：

（1）核准各政府機關物資內運噸數之百分比。

（2）各機關前項核准運量內各項物資起運之先後次序品種詳單。

（3）海運終點之各船物資，按各機關部門分列及各該機關物資項下，按起運先後次序開列之品種詳單。

六、凡未經優先管制委員會核定通知起運之物資，一律暫緩內運。

七、各部會及其附屬機關請運之物資，應由各該部會代表向優先管制委員會聲請核定，其不屬於各部會之機關團體或私人企業，在有關國防急要物資內運時，應向運輸統制局聲請，由運輸統制局代表彙向優先管制委員會聲請。

八、物資內運之情形，應由後勤部駐印代表每星期三將上週之起運情形，分報優先管制委員會及後勤部俞部長備查，並呈報軍委會備案。

九、各機關駐印緬辦理物資內運之代表，凡關於物資內運之先後次序決定事宜，應協助美國駐印供應司令及空軍司令辦理，並受俞部長駐印代表之統一指導。

十、優先管制委員會之主任委員、副主任委員及委員由有關局部會派充，不另支給，其必要之少數事務人員由運輸統制局調用。

交通部公路總局
國際運輸委員會組織規程草案

民國 32 年 2 月

第一條　本局遵照委座統一國際運輸行政之原則，特設
　　　　國際運輸委員會。

第二條　國際運輸委員會掌理國際運輸路線之計劃開
　　　　闢，國際運輸行政之策進加強，舉凡國際運輸
　　　　之一切問題，悉由國際運輸委員會核議之。

第三條　國際運輸委員會設委員十人至十五人，由局指
　　　　定一人為主任委員，其餘委員向下列機關聘請
　　　　參加：
　　　　軍政部兵工署、交通司
　　　　外交部
　　　　經濟部
　　　　後方勤務部
　　　　航空委員會
　　　　國防供應公司
　　　　中國航空公司
　　　　中央信託局
　　　　交通部

第四條　國際運輸委員會每兩週開常會一次，如有重要
　　　　事務得召開臨時會議。

第五條　國際運輸委員會設祕書一人，專員二人至四
　　　　人，幹事若干人，視事務之繁簡增減之。

第六條　國際運輸委員會祕書承委員會之命辦理會務，
　　　　專員協助之。

第七條　本規程呈奉交通部核准施行之。

戰時生產局運輸優先委員會組織規程

民國 34 年 1 月 17 日公布

第一條 　戰時生產局為審定國內外物資運輸優先分配事項，設運輸優先委員會。

第二條 　運輸優先委員會之執掌如左：

一、關於國內軍械以外物資運輸優先分配之審定事項。

二、關於國外軍械以外物資內運優先分配之審定事項。

三、關於出口軍械以外物資運輸優先分配之審定事項。

第三條 　運輸優先委員會設常務委員三人，由戰時生產局局長、軍政部部長及戰時運輸管理局局長充任之，開會時以戰時生產局局長為主席。

第四條 　運輸優先委員會會議事項，常務委員有最後決定之權，如常務委員意見不能一致或遇有必要時，得由常務委員呈請軍事委員會委員長或行政院院長核定之。

第五條 　運輸優先委員會由左列機關各派代表一人為委員：

一、軍政部

二、航空委員會

三、戰時運輸管理局

　　　　四、交通部

　　　　五、經濟部

　　　　六、財政部

　　　　七、糧食部

　　　　八、衛生署

　　　　九、中央銀行

　　　　十、中國航空公司

　　　　右列代表遇有必要，並得攜同有關人員參加。

第六條　運輸優先委員會得邀約戰時生產局有關處處長
　　　　及其他機關人員參加會議，其人選由常務委員
　　　　決定之。

第七條　運輸優先委員會得邀約戰時生產局美籍顧問、
　　　　美國軍部代表及美國對外經濟事務局代表參
　　　　加會議。

第八條　運輸優先委員會設祕書一人，由戰時生產局運
　　　　輸處處長兼任之。

第九條　運輸優先委員會每星期開會一次，必要時並得
　　　　舉行臨時會議，由運輸優先委員會常務委員召
　　　　集之。

第十條　運輸優先委員會會議常務委員決定事項，主管
　　　　運輸及物資執行機關及駐外代表應依照實施。

第十一條　本規程自公布日起施行。

一九四二年紀錄

運輸統制局內運優先管制委員會
第一次開會情形

日期　民國 31 年 5 月 19 日

甲、 主席報告

（一）運輸統制局內運優先管制委員會組織規程由何總
　　　長修正第一及第六兩條如下：

　　　一、運輸統制局為辦理印緬物資內運管制事宜，
　　　　　特設物資內運優先管制委員會（以下簡稱
　　　　　本會）。

　　　六、本會決議事項，呈請參謀總長裁奪後，分
　　　　　交主管物資及運輸執行機關依照實施。

（二）內航物資照馬將軍原定程序辦理。

（三）本會應與外事局及美國軍事代表團取得聯繫，
　　　俾本會對於印方運輸情形可先明瞭。

乙、 討論事項

（一）討論運輸統制局內運優先管制委員會辦事細則
　　　（另附該辦事細則一份）。

（二）討論印緬內運物資執行聯繫辦法（原擬辦法尚有未
　　　妥，須重行擬定，俟下次開會時再提出討論）。

物資內運優先管制委員會
第二次會報紀錄

日期　民國 31 年 5 月 26 日下午 3 時

地點　運輸統制局會議室

出席　錢大鈞　潘光迥　沈克非　劉敬宜

　　　朱萍秋　蔣易均　俞大維（楊繼曾代）

　　　項雄霄　王景錄　龔學遂　童季齡

主席　錢大鈞

紀錄　徐允鰲

（一）　報告事項

無。

（二）　決議事項

（1）物資內運執行聯繫辦法，應以現時中緬運輸總局
　　　駐印機構或代表為對象，參酌潘委員、楊代表所
　　　擬材料，請由運務總處重擬。

（2）液委會簽請汽車汽油得由空運輸入並規定百分比
　　　率案，根據宋部長呈委座東電所稱「普通汽油暫
　　　時無法輸送」一節批復俟有希望再議。

（3）航委會、交通部、工礦調整處等各機關檢送到印
　　　物資內運次序表請查照辦理案，仍交運務總處根
　　　據處管委會所定原則核辦。

最近政府物資內運情形

（一）由美啟運

凡我國政府物資由美起運之前，其先後程序以及數量分配均由宋部長在美決定，運出物資均隨時通知國防供應公司駐印代表陳長桐接洽照料，最近規定每月由美啟運物資之數量，以每月由印度能航空送入我國之噸數為限度。

（二）物資在印度進口之口岸

運華物資近來規定，以在喀拉支進口為原則，但迄今仍有少數貨物在孟買進口。

（三）印度境內之運輸

美國方面有意將印度境內對華物資之進口運輸全部由美國軍事代表團辦理，在未經布置妥當以前，仍由我國政府在印度人員協助。

（四）我國在印辦理運輸之人員

駐加爾各答者有中緬運輸總局駐印辦事處代表周賢頌、國防供應公司駐印代表陳長桐、經濟部駐印代表夏憲講，我國辦理印境運輸之重心，即在此處。駐喀拉支者有航空委員會代表羅惠僑，現各機關在喀拉支提貨事均委託羅君辦理。駐孟買者有資源委員會代表歐陽藻。

（五）印華航運之情形

現時印度至我國之航空貨運，由美國軍事代表團所管理者，由印度之定疆至昆明之貨運已經開始，聞每日運輸量尚不甚多，並聞不久將有載重六噸之貨機往來於印度及四川省境內，專

運貨物。此外，中國航空公司在重慶、昆明、定疆、加爾各答間亦能裝運體積較小之包件。

（六）內運物品之優先管制

運輸統制局新近成立物資內運優先管制委員會，辦理印緬物資內運管制事宜，至對外及執行仍歸運輸統制局辦理。

（七）中蘇運輸路線正在策劃中

聯盟國物資經蘇聯國境空陸運至我國，由西北進口之運輸路線，正由我國主管部份與美國駐華大使在洽商中，如將來此線暢通，則進口、出口運輸量必能大有增加。

印緬物資內運執行辦法

一、印緬物資內運管制事宜由本局物資內運優先管制委員會（以下簡稱優先會）與駐印辦事處依照本辦法切取聯繫。

二、凡經優先會決定之印緬物資內運事項，除通知有關機關外，並責成駐印辦事處（以下簡稱辦事處）負責執行。

三、辦事處除負責執行優先會交辦事項外，並須實施左列各事：

（一）運抵印緬各項物資之調查報告事項。

（二）由印緬就地購買各項物資之調查報告事項。

（三）政府各機關存儲印緬境內物資數量之調查報告事項。

（四）每期內運物資數量之統計報告事項。

（五）其他有關物資內運情況之調查報告事項。

四、辦事處應每星期召集各機關駐印代表舉行代表會
　　報一次，商討左列事項：

　　（一）商討執行優先會交辦事項，並聽取執行程
　　　　　度報告。

　　（二）審查一期內物資收運存報告。

　　（三）審查或決定各機關交運物資之運量比率及
　　　　　運輸程序。

　　（四）核定按期各種報告，分送優先會及有關部份。

　　（五）其他有關物資內運之討論及建議事項。

五、會報時得邀請本國駐印專員、國防供應公司駐印
　　代表、美國軍事代表團駐印供應司令及空運司令、
　　印度政府之有關後勤運輸等機關，派員參加協商
　　聯繫。

六、優先會應以各項物資內運之優先管制要領或規則，
　　隨時發交辦事處，辦事處即以所頒之要領或規則
　　為準繩，隨時商討決定執行。

七、辦事處如對奉頒之要領規則遇有情況變遷或各種
　　原因而不能執行時，應向優先會請示辦理，但如
　　情況緊急，得權宜處置，一面報告備案。

八、辦事處應製備左列各表按期填報優先會：

　　（一）各國物資到達印緬待運報告表

　　　　　本表專為記載分類分戶每地待運物資，其
　　　　　格式對於美國、英國及在印就地購配內運
　　　　　之物資均得適用之，由辦事處決定集中存
　　　　　儲地點以資統一（例：客拉溪、孟買、阿

拉佩德、德里、加爾各答、第白露街、定
疆多處）。

（二）各項物資交運及內運報告表

本表專為記載業經核定運輸程序之物資，
乃一種進度報告，適用於起點站及終點站
登記之用。

（三）各項物資每期起運及到達數量報告表

本表專為記載分類分戶每期起運及到達之確
實統計數量，以備考核運輸成果之根據。

（四）優先內運執照

比照由辦事處決定每種物資內運之程序時，
頒發各物資機關憑照起運，其內容注明物
資、品類、等位、重量、號數及起訖地點
等項。

以上各表為求切實週密起見，應由辦事處察酌需
要情形製備填報。

九、本辦法由優先會呈准施行，如有未盡事宜，得隨
時呈請修改之。

物資內運優先管制委員會
第三次會報紀錄

日期　民國 31 年 6 月 2 日下午 3 時

地點　運輸統制局會議室

出席　錢大鈞　　　　　　沈克非（金寶善代）

　　　蔣易均　　　　　　童季齡（閻子素代）

　　　王景錄（李介民代）　朱萍秋

　　　劉敬宜　　　　　　潘光迥

　　　項雄霄　　　　　　龔學遂

主席　錢大鈞

紀錄　徐允鶩

甲、 報告事項

（一）陳長桐來函報告奉宋部長電告由美運出一百點
　　　飛機汽油三萬桶在未到達前可在英國存印油庫
　　　中提取案

（二）資委會電告昆印航線鎢砂事經與美大使館美軍
　　　代表團商妥在昆明貨倉交貨並由該會與美方直
　　　接辦理案

乙、 討論事項

（一）本會辦事細則及印緬物資內運執行聯繫辦法應
　　　加檢討以便實施案

決議：

修正通過（附件）。

（二）潘委員光迴提請邀約美軍事代表團及供應司令
　　　部會談本會任務及今後印緬物資內運應如何實
　　　施聯繫案

決議：

用總長名義函請美軍事代表團派員約期會談。

（三）潘委員光迴提議關於駐印辦事處應確定負責人
　　　員以便實施聯繫案

決議：

添派周賢頌為本會委員兼駐印辦事處處長，簽請總長
核示。

丙、　交議事項

（一）奉總長交議外交部傅次長來函美方向我國詢問中
　　　蘇陸空運輸各項情形由各出席委員檢討答復案

決議：

定三日（星期三）下午四時由各委員會准備材料來局重
行討論（衛生署可勿出席，但該署要求關於軍用、民用
各項衛生藥品及材料每日能內運五噸）。

（二）總長飭查美來援華物資船隻中有重砲山砲應注
　　　意優先內運案

決議：

俟該船到達後遵辦。

物資內運優先管制委員會
第四次會報紀錄

日期　民國 31 年 6 月 16 日下午 3 時

地點　運輸統制局會議室

出席　錢大鈞　　　　　　　沈克非

　　　龔學遂（許世璿代）　俞大維（楊繼曾代）

　　　蔣易均　　　　　　　潘光迴

　　　劉敬宜　　　　　　　王景錄（李介民代）

　　　童季齡　　　　　　　朱萍秋

主席　錢大鈞

紀錄　徐允鼇

甲、 報告事項

一、主席報告

　　（1）軍政部請提前內運之槍藥、白鉛、紫銅、子
　　　　彈、鋼盂等項，除由總長致函史蒂威爾將軍
　　　　外，並經分電俞部長、沈士華、周賢頌業照
　　　　辦在案。

　　（2）接陳長桐先後來電，六月四日及六日有三輪
　　　　物資到達喀拉嗤，當經電復請將各該輪物資
　　　　清單航寄來局，以便核定程序內運在案。

二、龔委員學遂報告奉命與美國軍事代表團洽談經過，
　　及該團提出要點如下：

　　（1）目前空運力量未能樂觀。

　　（2）非直接軍用物資可否交中航公司承運。

（3）優先會擬定物資內運程序或其他有關內運
事項。

嗣後希勿用總長各義通知，請改用其他名義，俾
該團可以奉命代表之資格先事商討。

乙、 討論事項

一、俞部長六月三日來函第（4）項「各機關物資百分
比率請局方即予頒發並須顧及飛機數量及其起訖
地點」案

決議：

俟飛機數量及運力有去確實把握時再行決定。

二、又第（5）項「局方規定各物資機關月運噸位並規
定其應運物資總類倘無此類物資而改運其他機關
者須請示局方核准是項規定恐費時延誤可否明文
規定改運兵工材料」案

決議：

照改（連同前案函復）。

三、奉總長函示英國軍事代表團提議現在中國突擊營
之英籍人員所需服裝等各項補充品每季約需噸半
左右請准由中航公司或其他飛機優先運入案

決議：

由中航公司承運。

四、陳體誠建議在美亦應組設優先會與渝方多事聯絡案

決議：

在美原有之中國國防供應公司組織健全，且已致函宋部
長取得聯絡，不必再設優先會。

五、航委會請將交由加爾各答辦事處提存之車床三箱
　　速運昆明案

決議：

交劉委員敬宜攜回查明再辦。

六、中緬局所送到印十七輪物資清單應分配內運程序案

決議：

交運務總處倉庫科擬定後，提付下次例會討論。

七、配管會簽請將到印汽車配件材料儘先內運案

決議：

交運務總處併案辦理。

八、陳長桐六月二日函送到印船隻表

決議：

交運務總處併案核對。

丙、 主席指示事項

一、關於優先會所決定及經常之業務，由運務總處倉
　　庫科承辦。

二、內運物資百分比率由運務總處擬定草案，提付下
　　次例會討論（擬定時可抽出百分之十五至二十作為
　　臨時救急之準備）。

物資內運優先管制委員會
第五次會報記錄

日期　民國 31 年 6 月 23 日下午 3 時

地點　軍委會會議廳

出席　錢大鈞　俞大維（楊繼曾代）

　　　龔學遂　王景錄（李介民代）

　　　潘光迥　沈克非　劉敬宜

　　　童季齡　蔣易均

列席　段景祿　周元成

主席　錢大鈞

紀錄　徐允鰲

甲、報告事項

一、主席報告上次會報情形。

二、龔委員學遂報告最近與美代表團洽談經過：

（1）現時至十月為止，空運力量最多每月二百噸。

（2）擬定百分比率，反對有彈性之準備，且照目
　　　前情況無擬定之必要。

（3）空軍供應物資應佔絕對優先。

（4）其次為子彈材料。

（5）汽車配件無內運之可能。

（6）除空軍物資及兵工材料外，其他非直接軍用
　　　物資可儘量交由中航機承運。

乙、 決議事項

一、美機內運百分比率從緩擬訂。

二、中航機應確定任務，並規定其承運軍公物資之噸位比率（請龔處長洽辦）。

三、中航機承運軍公物資運費問題，亦請龔處長向財政部洽談。

四、運務總處所擬五輪物資內運程序，請航委會、兵公署、交通司攜回檢討，於本星期六以前送回整理，提付下次例會決定。

五、航委會電請優先籌運之機油，請龔處長問美代表團洽辦（原案已送周參謀元成）。

物資內運優先管制委員會
第六次會報記錄

日期　民國 31 年 6 月 30 日下午 3 時

地點　運輸統制局會議室

出席　錢大鈞　　　　　　　潘光迥

　　　俞大維（楊繼曾代）　童季齡（閻子素代）

　　　沈克維　　　　　　　朱萍秋

　　　龔學遂　　　　　　　王景錄（李介民代）

　　　蔣易均　　　　　　　劉敬宜

列席　王承黻（中航公司經理）（高大經代）

　　　周元成

主席　錢大鈞

紀錄　徐允鰲

甲、報告事項

一、主席報告上次會報經過。

二、中航公司高代表報告：

　　（1）現時由美方撥到飛機十架，其中除兩架缺乏
　　　　　配件不能起飛，及另有兩三架又將損壞勢需
　　　　　停飛外，實際只有五架能負擔運輸。

　　（2）現由定疆飛至昆明平均每日載運八噸，月約
　　　　　二百餘噸，但尚須帶運機用汽油及配件或其他
　　　　　關係，只能折半計算，實際月約一百餘噸。

　　（3）目前正在承運鈔券，至與美紅會訂約輸運藥品
　　　　　二十噸，以及交通部方面有器材一千二百噸，

資委會亦有少數器材，曾分別有所接洽。

乙、 討論事項

一、規定中航公司運貨機承運軍公物資百分比率應如
　　何決定案

決議：

（1）照訂（如附表）。

（2）報告總長函交通部通知美國軍事代表團及駐印辦事
　　　處周處長，並將我方駐印負責人員告知中航公司。

中國航空公司運貨飛機駛運軍公物資百分比率表

三十一年七月

程序	區別	百分比	說明
1	鈔券及其材料	40%	屬於財政部所轄各國家銀行之鈔券及印券時需各種器材
2	醫藥	15%	屬於軍醫署、衛生署及美國紅十字會等軍用、民用醫藥
3	交通通訊器材	25%	屬於交通部及軍政部之交通司所需各種交通通訊器材
4	生產器材	17%	屬於資源委員會經營一切生產事業所需之各種器材
5	其他	3%	不屬以上四項之物資

附記

（1）本表所定比率尚須除出飛機本身所需油料、配件
　　　等之帶運噸位。

（2）不論飛機數額之多少，運力之增減均以表列各項
　　　平均配運。

（3）中國航空公司承運軍公物資應作詳細紀錄，隨時列
　　　表報告運輸統制局物資內運優先管制委員會備查。

（4）本表經運輸統制局物資內運優先委員會審訂通
　　　過，並呈奉參謀總長核定後實行

二、關於宋部長來函今後船隻稀少海運限制我方所需物
　　料未能全數分交各機關凡各機關所需同類物料均
　　直接運交軍委會支配分發擬定箱記圖樣囑查照辦
　　理等由應如何決定案

決議：

候俞副主任返渝，連同中美聯繫辦法併案商承後再辦。

三、運務總處所擬第二批到印物資內運程序，業經兵
　　工署、交通司、航委會審查同意。

決議：

交運務總處報告總長核定後，分別通知有關部份。

四、運務總處所擬第三批到印物資內運程序應如何辦理。

決議：

仍交兵工署、交通司、航委會各代表攜回審查。

物資內運優先管制委員會
第七次會報紀錄

日期　民國 31 年 7 月 7 日下午 4 時

地點　軍政部會議室

出席　項雄霄　童季齡（閻子素代）

　　　蔣易均　王景錄（李介民代）

　　　朱萍秋　劉敬宜

　　　沈克非　楊繼曾（周元成代）

列席　王承黻（高大經代）

　　　段景祿　周元成

主席　俞副主任

紀錄　徐允鰲

甲、 報告事項

（一）主席報告

　　　1. 上次會報經過。

　　　2. 現時美機運量微弱原因（略）。

（二）中航公司高代表報告

　　　1. 過去由定疆至昆明，每機運量可載 2.2 噸，近
　　　　因帶運本身所需汽油、配件等項，只能載運
　　　　物資 1.6 噸。

　　　2. 最近貨運機平均每天只有四架飛行。

（主席宣告最近有十架可到，另有四個發動機者三架。）

乙、 討論事項

（一）關於宋部長來函今後各機關所需同類物料直接
　　　運交軍委會按緩急情形支配案

決議：

原則照辦，由運務總處倉庫科草擬詳細辦法，再行核議。

（二）周頌賢六月沁狄代電建議：

　　　　1. 卡拉齊至定疆間有鐵道可通，倘能與英軍部
　　　　　　妥商，將潘渡 Pandon、丁素家 Tinsukia 間鐵
　　　　　　道運輸予以改善，實行緩急管制，則卡定間直
　　　　　　達特急貨車行程至多不出十天，似可不必佔用
　　　　　　空運力量，而使運輸機集中定昆間使用。

　　　　2. 現行美機缺乏無線電響導設備，輒因氣候關
　　　　　　係不能起飛。

決議：

（1）根據原建議之（1）函外事局向英方交涉。

（2）定向器事由龔處長口頭向美方洽談。

（三）秦次長六月二十七日函請空運汽油案

決議：

俟運輸機數增加時再議。

（四）航委會六月艷參電代電請將到卡散熱液 510 桶悉
　　　數空運昆明案

決議：

函請美代團准在七月份內優先內運一百桶。

丙、 臨時動議

中航公司高代表提議，關於限定之百分比率，如鈔券居第一位，將來情況變易，可否改動。

主席答復：

可改動。

丁、 主席指示事項

（一）現時美軍機運力太弱，而物資甚多，希望中航機能儘量承運。

（二）凡在所定百分比率以外之各方託運物資，中航公司不得直接訂約，仍需轉請本委員會核辦。

物資內運優先管制委員會
第八次會報紀錄

日期　民國 31 年 7 月 14 日下午 4 時

地點　軍政部會議廳

出席　錢大鈞　俞大維（楊繼曾代）

　　　沈克非　劉敬宜　蔣易均

　　　項雄霄　王景錄　朱萍秋

　　　童季齡（閻子素代）

列席　王承黻（高大經代）

　　　周元成　段景祿

主席　俞副主任

紀錄　徐允鰲

甲、　報告事項

（一）主席報告

　　1. 上次會報經過。

　　2. 駐印專員沈士華兼辦交通運輸（四月至五月）
　　　概況，及周賢頌於七月六日召開各機關駐印
　　　代表會議情形（均須印發各機關參考）。

　　3. 七、八、九各月空運力量未能樂觀，因其機數
　　　既少，又須供應空軍及其他任務，十月間或
　　　可轉入佳境，十一、十二兩月或能達成預期
　　　希望。

乙、 討論事項

（一）兵工署前請改列優先內運之子彈原料一千一百
　　　餘噸迄無絲毫運入應如何辦理案

議決：

可查明原案在七、八、九、十，四個月內逐月開單，送
由沈專員士華、周處長賢頌催請美機提運。

（二）前定中航機承運物資百分比率中關於交通通訊
　　　器材部份交通部與交通司共為百分之二十五又
　　　醫藥部份軍醫署衛生署美紅會等共為百分之
　　　一十五均應分別固定以免爭執案

決議：

（1）交通通訊器材，交通部佔百分之十二，交通司佔百
　　　分之十三（另案通知）。

（2）醫藥部份由衛生署開會分配後，列單送優先會
　　　核定。

（三）中航公司承運各機關租借物資之運費應予確
　　　定案。

決議：

由運務總處查明前案，再函財政部請在借款項下開支。

丙、 主席提示事項

今後中印運輸及倉儲物資之管理悉由美方代辦，我政府
各物資機關在印度境內不需再有辦事處之設立，可照下
列原則擬定辦法分知查照：

（一）駐印專員沈士華現駐新德里，業經核定為總代
　　　表，周賢頌在加爾各答，為印度東岸區代表（西

岸區代表尚未決定）。

（二）各物資機關只須各派代表二人分駐東西兩岸，
　　　如需技術人員之部份，可視實際需要情形分別
　　　酌派若干人（現時派駐卡拉齊之各機關代表應
　　　速改往的不魯街，因目前空運在定疆起飛，藉
　　　便聯繫洽運）。

（三）各機關以及各公司（如國防供應公司、世界貿
　　　易公司、復興公司、紅十字會等）駐印代表，
　　　如需對外接洽事宜，均應洽請總代表或區代表
　　　轉為交涉，不得直接談判，以免紛歧。

丁、 臨時動議

本會現既固定每星期二下午四時舉行例會，嗣後除有臨
時變動當隨時通知外，擬不再分函，以節手續。

決議：

照辦，分函各委員查照。

物資內運優先管制委員會
第九次會報紀錄

日期　民國 31 年 7 月 21 日下午 4 時

地點　軍政部會議廳

出席　錢大鈞　　　　　　　俞大維（楊繼曾代）

　　　沈克非　　　　　　　劉敬宜

　　　蔣易均　　　　　　　龔學遂（吳時亮代）

　　　童季齡（閻子素代）　王景錄

　　　朱萍秋

列席　王承黻（高大經代）　段景祿

　　　周元成

主席　俞副主任

紀錄　徐允鰲

甲、　報告事項

（一）主席報告上次會報經過

（二）衛生署沈委員克非報告

　　　關於中航機承運醫藥部份之百分比率，業經商
　　　定在七月份內以百分之一作為臨時緊急所需，
　　　以百分之七給美紅會，以百分之七給軍醫署，
　　　此後並擬逐月視情形之如何而定。

主席指示：

前項分配比率可照辦，惟應在七月份即洽運，因自八月
份起另有變更。

（三）中航公司高代表報告

關於中航機承運軍公物資之運價，尚未具體規
定，但決可以最低為原則。

乙、討論事項

（一）中航公司承運軍公物資百分比率，自八月份起改
定為：

（1）鈔券及器材　　40%

（2）兵工器材　　　40%

（3）醫藥　　　　　5%

（4）交通通訊器材　10%

　　　（交通部百分之四、交通司百分之六）

（5）其他　　　　　5%

　　　（生產器材併入其內）

決議：

通過（另附修正表）。

中國航空公司承運軍公物資百分比例表

　　　　　　　　　　　　廿一年七月二十一日修訂

程序	區別	百分比	說明
1	鈔券及其材料	40%	屬於財政部所轄各國家銀行之鈔券及印券所需各種器材
2	兵工器材	40%	屬於兵工署各項槍砲彈藥及兵工原料或成品
3	醫藥	5%	屬於軍醫署、衛生署及美國紅十字會等軍用、民用醫藥
4	交通通訊器材	10%	屬於交通部及交通司所需各種交通通訊器材（交通部百分之四、交通司百分之六）
5	其他	5%	屬於資委會經營一切生產所需之各種器材及不屬於以上四項之物資

附記

1. 本表所定比率尚須除出飛機本身所需油料、配件等之帶運噸位。

2. 不論飛機之數額多少,運力之增減均以表列標準平均起運。

3. 中國航空公司承運軍公物資應作詳細記錄,隨時列表報告運輸統制局物資內運優先管制委員會備查。

4. 本表經運輸統制局物資內運優先管制委員會第九次會議修訂通過,並呈參謀總長核准後,自八月份起實行。

(二)關於中航公司承運軍公物資之運費問題,業由總長函請孔副院長核准在案,在未確定以前,應由中航公司先行承運,其運費暫為記賬,並須從低規定。

決議:

由運輸統制局函中航公司照辦。

(三)關於運務總處遵照第八次會報交辦各物資機關在印不設辦事處根據委座電令及主席提示原則經將前訂之「印緬物資內運執行聯繫辦法」予以修正補充請公決案

決議:

照案通過,呈請軍委會核准後公佈施行(辦法附後)。

印緬物資內運執行聯繫辦法

　　　　　　　　三十一年七月二十一日修正

一、印緬物資內運管制事宜由運輸統制局物資內運優先管制委員會(以下簡稱優先會)與駐印總代表

（即駐印專員）及駐印區代表（即運輸統制駐印辦
事處）依照本辦法切取聯繫。

二、凡經優先會決定印緬物資內運事項，除通知有關
機關及駐印總代表（以下稱總代表）外，並責成駐
印區代表（以下稱區代表）負責執行。

三、區代表除負責執行優先會交辦事項外，並須實施
左列各事：

1. 運抵印緬各項物資之調查報告事項。

2. 由印緬就地購買之各種物資調查報告事項。

3. 政府各機關存儲印緬境內物資數量之調查報告
事項。

4. 每期內運物資之統計報告事項。

5. 其他有關物資內運情況之調查報告事項。

四、各物資機關及各公司（如國防供應公司、世界貿易
公司、復興公司及紅十字會等）在印境內不得設
立辦事處，只派代表兩人分駐印西（如卡拉齊）、
印東（如加爾各答及的不魯街），如需技術人員之
部份，應視實際情形而定其派遣人數。

五、區代表應與總代表隨時取得密切聯繫，並於每星
期召期各機關、各公司、就地或附近駐印代表，
舉行會報一次，商討左列事項：

1. 商討執行優先會交辦事項，並聽取執行程度報告。

2. 審查一期內物資收運存報告。

3. 審查或決定各機關交運物資之運量比率及運輸
程序。

4. 核定按期各種報告分送優先會及有關部份。

5. 其他有關物資內運之討論及建議事項。

六、會報時得邀請中國航空公司、美國軍事代表團駐印供應司令及空運司令、印度政府之後勤運輸等機關，派員參加協商聯繫。

七、各機關及各公司駐印代表如有對外接洽事宜，均須洽請區代表轉商總代表提出交涉，不得直接談判，或以本機關之名義對外行文，以一事權而免紛歧，否則認為無效。

八、總代表、區代表與各機關、各公司駐印代表之間，除文件往返應以平行方式辦理外，為求執行事務、統一職權起見，必須層層節制，互相尊重。

九、總代表及區代表為辦理內運事宜，如需某種技術人員協助時，得隨時商由各機關、各公司駐印代表調派之。

十、優先會應以各項優先管制要領或規則隨時頒發總代表及區代表，而區代表即以所頒之要領或規則為準繩，隨時商同總代表決定執行。

十一、總代表及區代表如對奉頒之要領或規則遇有情況變遷或各種原因而不能執行時，應向優先會請示辦理，但如情形緊急，得權宜處置，一面報告備案。

十二、各機關、各公司擬交中國航空公司內運之物資，應由各駐印代表隨時列單，送請區代表依照規定之百分比率審核交運，不得直接洽辦，以免紊亂。

十三、區代表應製備左列各表及執照分別填報優先會
　　　或備用：

　　　1. 各國物資到達印緬待運報告表：本表專為記
　　　　　載分類分戶每地待運物資，其格式對於美
　　　　　國、英國及在印就地購配內運之物資均得適
　　　　　用之。

　　　2. 各項物資交運及內運報告表：本表專為記載
　　　　　業經核定運輸程序之物資，乃為一種進度報
　　　　　告，備起點站及終點站登記之用。

　　　3. 各項物資每期起運及到達數量報告表：本表
　　　　　專為記載分類分戶每期起運及到達之確實統
　　　　　計數量，以備考核運輸成果之根據。

　　　4. 優先內運執照：此照由區代表決定每種物資
　　　　　內運之程序時填發，各種物資機關憑照起
　　　　　運，其內容註明物資種類、重量、等位、號
　　　　　數及起訖地點等項。

　　　以上各表及執照之格式，為求切合實用起見，
　　　即由區代表察酌需要製備填用。

十四、本辦法由優先會審訂通過，並經運輸統制局呈
　　　請軍事委員會核准施行。

（四）關於運務總處根據宋部長來函嗣後由美運出同
　　　類物資悉交軍委會統一支配之原則擬具同類物
　　　資接收分配暫行辦法請公決案

決議：

修正通過，呈請軍委會核准後公佈施行。

美貨法案同類物資接收分配暫行辦法

三十一年七月廿一日

第一條　各機關進口同類物資之接收分配等手續，悉照
　　　　本辦法辦理之。

第二條　同類物資到達國境以內之首站，統由運輸統
　　　　制局所屬之運輸機構辦理接收入庫存候分
　　　　配，並將物資名稱、數量抄附清單，通報運
　　　　輸統制局。

第三條　運輸機關各接收轉倉庫辦理同類物資之登記、
　　　　點驗、編號、拆裝箱包，如需技術上之協助，
　　　　得隨時商請物資機關協助之。

第四條　運輸統制局收到該項清單，即召集各原請購機
　　　　關切實商討，按照需要緩急，擬具分配比率，
　　　　呈請委座核定之，但因情形特殊經委座特准得
　　　　以事先配定，隨到隨提。

第五條　同類物資分配比率呈奉核准後，分別轉飭接收
　　　　站庫及各該原請購機關遵照比率執行分配，辦
　　　　理交接，並呈報備核。

第六條　同額物資分配後，即移存各該物資機關自設倉
　　　　庫待運，不得仍存運輸機關之庫內。

第七條　本辦法呈准軍事委員會核准後施行。

（五）衛生署提議，關於中航公司在未規定百分比率
　　　　前，曾與美紅會訂約承運之藥品 20 噸是否例外。

決議：

可在規定以外內運，但須在七月份內運完，因八月份起
另有變更。

（六）交通司駐印代表鄭方珩已養加代電請示交通通
　　　訊器材能否享受優先規定及噸位如何案

決議：

自八月份起可照百分之六比率提要洽請中航公司承運。

（七）財政部七月東代電請將產鹽所需汲滷鋼繩視同
　　　軍品運輸案

決議：

查明月需要量，可洽中航公司在其他項下百分之五比率
中酌量內運。

物資內運優先管制委員會
第十次會報紀錄

日期　民國 31 年 7 月 28 日下午 4 時

地點　軍政部會議廳

出席　錢大鈞　俞大維（楊繼曾代）

　　　朱萍秋　童季齡（閻子素代）

　　　蔣易均　沈克非

　　　王景祿　龔學遂（吳時亮代）

列席　王承黻（高大經代）

　　　段景祿　周元成

主席　俞副主任

紀錄　徐允鰲

甲、報告事項

（一）中航公司高代表報告

　　　關於政府物資運費業經特別減低，每公噸公里
　　　只以八羅比計算，並可以官價折合法幣，惟運
　　　費須先付現。

（二）財政部閻代表報告

　　　關於各機關託由中航公司承運租借法案物資之
　　　運費，如由各機關分別請撥，既未編列預算，
　　　恐無法審核撥給，但財政部方面願先墊撥週轉
　　　金若干，交由某一機關統籌，事後再行清算劃撥
　　　為原則。

（三）兵工署楊代表報告

　　目前兵工原料中最感缺乏者為槍藥，在八月份
　　所請內運之數量，因限於機力，故極少，希望中
　　航公司如有餘力時，務必儘先提運以濟需要。

乙、　討論決定事項

（一）駐印總代表及區代表辦事處組織綱要，請由各
　　委員將草案攜回審查，並限本星期以前送回整
　　理後，提付下次會議決定。

（二）關於中航公司運費問題，仍應在借款項下撥交為
　　原則，並請財政部迅行確定詳復，以便洽辦，在
　　未決定以前，仍請中航公司儘先承運。

（三）兵工署楊代表建議關於中航公司所定運費太昂，
　　可否將租借法案項下之油料撥給一部份，俾可減
　　輕運費案，原則可以照辦，俟再詳商決定。

丙、　主席提示事項

八月份內中航公司承運物資百分比率，業經改訂通知在
案，各機關駐印代表應速立赴第不魯加準備洽運，免再
延誤。

物資內運優先管制委員會
第十一次會報紀錄

日期　民國 31 年 8 月 4 日下午 4 時

地點　軍政部會議室

出席　沈克非　　　　　　　俞大維（楊繼曾代）

　　　蔣易均　　　　　　　龔學遂（吳時亮代）

　　　劉敬宜（段景祿代）　王景錄

　　　童季齡（閻子素代）　朱萍秋

列席　王承黻（高大經代）　段景祿

主席　錢祕書長

紀錄　徐允鰲

甲、報告事項

（一）主席報告上次會報經過

（二）中航公司高代表報告

　　（1）關於本公司承運軍公物資運費，原定自定
　　　　疆至昆明每噸公里八羅比，茲經一再核議減
　　　　低，計由加爾各答至定疆及由定疆至昆明
　　　　每公噸均收取美金壹仟元，得以官價折合法
　　　　幣收現，並自七月一日起即實行，如能在租
　　　　借法案項下撥給本公司用油，則更可減低
　　　　運價。

　　（2）公司方面承運軍公物資，自當遵守優先會一
　　　　切規定或指示辦理，現各機關向本公司洽運
　　　　物資者甚多，但定疆方面則仍無人員負責接

洽交運。

（3）各項物資當可儘先承運，惟運費問題應請
局方負責轉請撥給，並請致函本公司。

（三）王委員景錄報告

交通司方面接到駐印代表電報，中航公司承運
物資不允記賬，必需付現情形（備案商討）。

乙、 決議事項

（一）關於定疆方面洽運物資無人負責及運費問題應
如何辦理案

決議：

（1）電知周區代表賢頌，飭其本人或指派代表速赴定
疆辦理洽運工作。

（2）函中航公司，在運費未定以前仍須記賬，儘先承
運，將來可由運輸統制局負責請撥歸還。

（3）催請財政部速決，並請先墊發週轉金交與中航公
司備扣。

（二）中航公司高代表提請關於扣收運費之機關應予
指定案

決議：

除鈔卷部份之運費應請財政部逕行付給外，其餘部份責
成周區代表賢頌依照百分比率所定範圍，在分配噸位起
運時將該物資機關隨時通知中航公司照扣。

（三）奉交龍主席電呈委座在昆徵購汽油僅得三千餘
　　　桶未能大量增加請速商美代表團派機航運濟急案

決議：

由周參謀元成先向美代表團非正式洽談後再議。

（四）空軍指揮部請在中航公司百分比率中列入空軍
　　　物資案

決議：

電復：

（1）第一次規定時，美方表示美機主要任務為空軍
　　　供應。

（2）在第二次規定前，總長曾召開小組會議討論，當時
　　　周主任至柔對空軍物資另有計劃呈核，故未列入。

（五）汽車配件委員會請將汽車配件材料噸位在八月
　　　份內如數追加並自九月份起每月加至八噸或十
　　　噸案

決議：

准在中航百分之五其他項下提運三噸至五噸（分別通知
照辦）。

（六）中航公司電復承運軍公物資自定疆至昆明段每
　　　公噸收取美金壹仟元請付現案

決議：

併入第（一）項決定辦法辦理。

（七）蔣委員易均提請增加經濟部方面內運噸位案

決議：

俟以後變更時再行設法。

（八）關於駐印總代表及區代表辦事處組織綱要已參
　　　照各機關意見重行整理呈請公決案

決議：

修正通過（附後），送請祕書處人事科主辦。

**軍事委員會運輸統制局駐印總代表及區代表辦事處組織
綱要**

第一條　運輸統制局（以下簡稱本局）為負責辦理中央
　　　　各物資機關及各公司在印緬境內儲運業務上所
　　　　需之對外交涉、聯繫等項，而求統一事權起
　　　　見，特設駐印總代表及東、西兩部區代表辦事
　　　　處，並得視實際需要於適當地點分別設立辦事
　　　　分處。

第二條　總代表承本局之命，督同東、西兩部區代表辦
　　　　理下列各事：

　　　　（1）代表本局及各物資機關、各公司辦理在印
　　　　　　　緬境內對美方代辦運輸上所需要之交涉、
　　　　　　　聯繫、協助及建議事項。

　　　　（2）代表本局及協助各物資機關、各公司以
　　　　　　　英國借款或現款所購物資在印緬境內之
　　　　　　　接收、儲藏及轉運事項。

　　　　（3）辦理在印緬境內有關物資運達、存儲、
　　　　　　　內運、採購（各機關、各公司自行採購之
　　　　　　　物資）等數量之調查統計與報告事項。

　　　　（4）代表本局對於中國航空公司由印緬起運
　　　　　　　各類物資頓位比率之管制核備事項。

　　　　（5）辦理本局交辦事項。

第三條　總代表及區代表辦事處視事務之繁簡，得分
　　　　課、分股辦事。

第四條　總代表及區代表辦事處得視辦事之需要，酌設
　　　　祕書、課長、股長、課員、辦事員及技術人員
　　　　等各若干人。

第五條　前條所需之人員，為求辦事確實，均為專任
　　　　（但技術人員可照印緬物資內運聯繫辦法第九
　　　　條之規定，得向各機關、各公司隨時調用為原
　　　　則），其編制員額及經費預算等項由總區代表
　　　　視實際需要詳擬呈局核辦。

第六條　東、西兩部區代表管轄地區之範圍，暫以新德
　　　　里為界。

第七條　本綱要自呈奉軍事委員會核准之日施行。

（九）各委員提議現在起運物資既在定疆而東區代表
　　　　辦事處設在加爾各答距離太遠接洽不便似應移
　　　　動案

決議：

請俞副主任核示。

（十）王委員景錄提議交通部與交通司在加爾各答合
　　　　辦之電台專為收發關於租借法案之通訊而設已
　　　　可直接通報各機關如何聯繫利用案

決議：

請俞副主任核示。

物資內運優先管制委員會
第十二次會議紀錄

日期　民國 31 年 8 月 11 日下午 4 時

地點　軍政部會議廳

出席　童季齡（閻子素代）　蔣易均

　　　沈克非　　　　　　　龔學遂

　　　朱萍秋　　　　　　　王景錄

　　　楊繼曾　　　　　　　陳　璞

列席　王承黻（高大經代）　梁敬釗

　　　許詒勳　　　　　　　周元成

主席　俞副主任

紀錄　徐允鰲

甲、報告事項

一、主席報告上次會議經過。

二、中航公司梁主任祕書報告，略以本人在上月二十八
　　日得定疆站電告，該站缺貨，擬請開運商品云云，
　　故於七月三十一日親往定疆查察，其結果如下：

　　（A）物資狀況

　　　　　據中緬局駐狄不魯加代表稱，印北存資約一
　　　　　萬餘噸，其中急待運輸者，連同航委會物資
　　　　　在內約四千噸，故不應有缺貨之虞，當時困
　　　　　難原因有如下各點：

　　　　　1. 運費問題在運統局迭次會議中未有解決。

　　　　　2. 物資體積有不能裝運者，尚無改裝設備。

3. 航委會機件及汽油不在中航百分比率之內。

4. 英來物資未能一律照運。

（B）運輸狀況

　　1. 中航機在七月份內由定疆運出之物資，就
　　　 本人所知約一百三十噸左右，內中屬於百
　　　 分比率範圍者約六十七噸。

　　2. 其中由美軍方面交運者，計食品佔十四噸，
　　　 軍火佔二十噸，飛機材料佔三噸，行李佔
　　　 一噸半（均屬約數），此項交運物品，因
　　　 我方需美方協助之處，故亦未便拒絕。

　　綜上情形，顯屬各方失其聯繫所致，今後
　　希望：

　　1. 有一高級人員執行其事，並統一送貨，以
　　　 免中航分頭接洽，中航並不問物資之百分
　　　 比率。

　　2. 能由運統局另於機場附近備一倉庫，以免
　　　 物資露放，致生意外。

　　3. 解決運費問題、航委會物資問題、英來物
　　　 資問題，以免臨時延擱。

三、高代表報告王總經理補充意見兩點

　　1. 希望將內運物資從速準備妥當，交中航隨時內運。

　　2. 希望在定疆方面早日指定高級人員。

乙、 主席答覆及飭辦事項

（一）關於定疆缺貨原因，係各機關代表未去，致失
　　　聯繫，但定疆地點冷落，缺少食宿設備，現除

東區代表在定疆有一辦事處外，至如各機關代表只能在狄不魯加與周區代表密取聯繫，即可減少困難，當再分電周區代表及各機關照辦。

（二）各機關待交中航內運之物資，應由各機關提前準備，按期送由周區代表辦。

（三）運費問題由運務總處與財務處洽辦。

（四）英來物資可由中航承運。

（五）交中航內運物資向倉庫提貨手續及改裝問題，電沈總代表向美方洽商辦法。

（六）中航由印起運各項物資應隨時通知昆明滇緬局及重慶本局。

（七）由運務總處將所有辦法或規定加以檢討整理，分別飭知遵辦。

丙、 決定事項

（一）主席交議關於上次通過之駐印總代表及區代表辦事處組織綱要應再酌予修正如下：

　　1. 前據沈專員電呈係設總代表及區代表辦公處，已經復准，所有綱要內辦事處應一律改為辦公處。

　　2. 第二條之（2）項修正如下：

　　　代表本局協助各物資機關、各公司以英國借款或現款所購物資，在印緬境內之倉儲及運輸事宜。

　　3. 第四條應修正如下：

　　　總代表及區代表辦公處得視辦事之需要，酌

設祕書、專員、處員、辦事員及技術人員等
各若干人。

4. 原第三條分課、分股之規定應予刪除,並將
第四、五、六、七條依次遞改為第三、四、
五、六條。

決議:

宣讀通過後送祕書處主辦。

(二)衛生署沈副署長提議,依照百分之五內運比率,
擬定除以百分之一作臨時緊急之需外,以百分之
二給美紅會,以百分之二給軍醫署,但如軍醫
署在八月份無此準備,未及洽運,則悉數改撥美
紅會,當否請核定。

決議:

照辦,並分別電知周區代表、中航公司。

(三)中航公司得駐印代表由昆站傳來(八日)報告中
國紅十字會有藥品十八箱報運稱美貨開箱檢查
時則屬英品改被海關扣留應如何處理案

決議:

請衛生署沈副署長查復核辦。

(四)交通司王司長提議,奉交宋部長來電在六月間
由美運出修車設備一千一百箱擬請提前內運以
應需要案

決議:

可酌量內運。

（五）周兼專員元成報告，關於龍主席電呈委座在昆
　　　徵購汽油不能大量增加，請商美方派機航運濟
　　　急一案，經遵飭與美代表團葛祿敏上校非正式
　　　洽談結果，無法照辦。

主席核示：

簽復總長。

（六）第五次擬定之物資內運程序均為飛機及其配件
　　　經交航委會段專員研究簽復驅逐機不能耐航仍
　　　請裝機內運案

主席核示：

目前美軍機運力不足，且該項驅逐機既能自飛，仍應在
印裝配後飛入，簽總長核示。

物資內運優先管制委員會
第十三次會議紀錄

日期　民國 31 年 8 月 18 日下午 4 時

地點　軍政部會議廳

出席　俞大維（楊繼曾代）　　龔學遂

　　　朱萍秋　　　　　　　　王景錄

　　　童季齡（閻子素代）　　沈克非

　　　蔣易均（方頌堯代）　　劉敬宜（段景祿代）

列席　王承黻（高大經代）　　盧致德

　　　陳　璞　　　　　　　　周元成

　　　段景祿　　　　　　　　許詒勳

主席　俞副主任

紀錄　徐允鰲

甲、報告視項

（一）主席報告

　　1. 上次會議經過及分別處理情形（略）。

　　2. 沈總代表士華元電報告關係美案物資移交問題，經與史迪威將軍等會商，通過我方提案要點六項（略）。

　　3. 周區代表賢頌八月五日召集各機關駐印代表第四次會議情形（略）。

（二）中航公司高代表報告

　　1. 接加站十三日電告，八月份百分比率當遵辦，惟東區辦事處迄無何項軍公物資交運，經詢

該處答稱刻正擬具實施辦法中云云，現在所
運各機關物資均有成數及類別，但與比率表
不同，特此陳明。

2. 加渝客機每星期三次，每次儘乘旅客之外，
如有空餘噸位，每次約五十至一百餘公斤不
等，擬隨時搭運各方面交運物品，不歸百分
比率限制。

3. 空運進出口物資旬報，六、七兩月份者即可
送出。

4. 中航機運力照目前估計，在九月份約可達二
百五十噸至三百噸。

（三）衛生署沈副署長報告

上次會議奉派查明關於中國紅十字會被海關扣
留藥品十八箱案，正詳密澈查中。

乙、 討論決定事項

（一）航委會物資仍應由美方負責內運，中航機運力
有限，亦無法令其擔任。

（二）關於到印英購物料，照沈總代表元電所稱，雖已
商得美方暫可代存代運，史迪威將軍前曾答復除
美案以外之物資一概不問，而運輸機關亦不能負
保管物資之責，故仍以物資機關自理為宜。

（三）交通司到印乾電池請提先內運案，仍應在額定
比率內酌量配運。

（四）中央製藥廠在印購製藥器材及原料，可併入醫
藥部份在九月份中酌量配運。

（五）衛生署現存加爾各答 cgmog 壹百箱及壓氣機壹
　　　箱，共重兩噸半，請由加運昆案，准在八月份
　　　醫藥比率配備留用之百分之一項下照運。

（六）軍委會政治部函請對中國製片廠在加爾各答採
　　　購之製片器材約七百公斤，請提前運輸案，目
　　　前運力無多，從緩設法。

（七）據中航公司報告八月份中東區代表辦事處迄無
　　　物資交運一節，應電周區代表查報。

（八）中航客機空餘噸位利用問題，照下列規定自九
　　　月份起試辦：

　　　1. 該項客機空餘噸位數目既微，准予不受百分
　　　　比率之限制。

　　　2. 該項空餘噸位應利用搭運各機關必要之公物，
　　　　其有危險性之軍品可勿收受，以免危險。

　　　3. 中航公司應於每旬將臨時搭運之公物名稱、數
　　　　量列表告知本局及駐印總區代表與滇緬公路運
　　　　輸局，以免各方不明真相，互爭此區噸位。

　　　4. 商品絕對不得利用此項空餘噸位，以杜流弊。

（九）軍醫署聲請到喀喇蚩瘧滌平二十六萬粒、奎寧
　　　五十萬粒（共約壹噸），請電沈總代表設法由喀
　　　運至定疆，交由中航機在本署應得噸位中內運
　　　案，應照辦。

丙、 主席提示事項

（一）各機關每月必須內運之物資，應按百分比率中應
　　　得之噸位先期決定其品種、數量，向倉庫照數整

批提出集中於機場附近之運輸倉庫，然後再將每次起運之物資分成先後程序，候機起運，以免臨時缺貨裝運或手續紊亂，關於此點，請各出席代表特別注意。

（二）由運務總處根據中航公司估計，九月份可達二百五十噸至三百噸運力，擬一各機關分配數目呈總長核定施行。

物資內運優先管制委員會
第十四次會議紀錄

日期　民國 31 年 8 月 25 日下午 4 時

地點　軍政部會議廳

出席　俞大維（楊繼曾代）　　王景錄

　　　蔣易均　　　　　　　　沈克非

　　　童季齡（閻子素代）　　劉敬宜

　　　龔學遂

列席　王承黻（高大經代）　　段景祿

　　　周元成　　　　　　　　陳　璞

　　　許詒勳

主席　俞副主任

紀錄　徐允鼇

甲、報告事項

（一）主席報告上次會議情形及處理經過（略）。

（二）中航公司高代表報告本月二十一日定疆機場失
火情形：

1. 焚燬貨物除鎢及生絲外，俱為由印運華之物
資，共約二十萬餘噸。

2. 據調查所得，計交通司電話線八二四捆、鈉
十四包（係美紅會交軍醫署者），餘不詳。

3. 被焚之新草棚，原供本公司辦公之用，但為
中緬局及美供應處借作金庫。

4. 失火原因據報係煤油爐爆炸所致。

5. 英美空軍機場負責人員立時調查，有一嫌疑犯
   已就逮。

乙、討論決定事項

（一）中航機九月份噸位支配辦法決議通過，並先電知
　　　沈總代表、周區代表（辦法附後）。

（二）中航公司運費案由龔處長與財務處洽商並催辦。

（三）航委會每月要求暫定 40% 空運噸位，按照目前
　　　情況無法照辦（簽復總長）。

（四）航委會請求解決空軍用油案，應請美方從速增
　　　加運力以資救濟（簽復總長）。

（五）航委會請求解決美軍及該會汽車用油案，核議
　　　辦法兩點（簽復總長）。

（六）航委會請求到卡 303 槍彈速運入國案，函美代團
　　　轉飭空運隊照運。

（七）航委會請將到卡汽化設備三箱速運入國案，函美
　　　代團轉飭空運隊照運。

（八）工礦調整處炭精一噸，應併入資委會噸位中支配
　　　內運。

（九）資委會電請將急要器材二百五十噸分四個月空
　　　運入國案，查該會在九月份中已另給十噸，前
　　　項請求暫時無法照辦。

（十）交通部長張部長函總長，請對中航公司向美方借
　　　用備份發動機予以協助案，據航委會代表稱，前
　　　由美方借去之十三個，如得美方撥還，即可借給
　　　中航公司。

丙、主席提示事項

（一）定疆機場失火，應電周區代表查明具報。

（二）機場所需臨時倉庫應飭查明，可利用者則儘量利
用，如不敷時可添建（注意火患及其他可能發生
之危險）。

（三）九月份中航機運昆汽車用油，應通知液委會準備
接收保管，憑滇緬運輸局證明發油。

丁、附錄中航機九月份噸位支配辦法

（一）九月份能達成貳百五十噸時，運量除以二百噸
仍照八月份原定比率實施外，其餘五十噸專運汽
車用汽油及機油，到昆時由液燃會接收保管，專
供接運上項兵工急料的一百噸內運之需，此項油
料多餘存儲，不足則比例減少。

（二）已允各機關九月份中內運之其他物資分配噸位，
計：

1. 汽車急要配件 五噸
前項配件內運應支配軍政部交通司、航委會、
滇緬運輸局、中運公司及配件管委會各若干，
由配件管委會妥籌分配。

2. 資源委員會急要器材 十噸

3. 中央製藥廠器材原料 二噸

4. 復興公司豬鬃漂料 二噸

5. 中央汽車配件廠鋼鋁 二噸

6. 航委會軍政廳酪膠粉 二噸

7. 軍令部繪圖器材 一噸

以上共二十四噸，希望中航機能在二百五十噸
運量之外增加此數，以便分別內運。

（三）中航機九月份運量如能達到三百噸時，則除照上
述支配運量二百七十四噸外，其餘二十六噸著仍
運汽車用油料，以應需要。

物資內運優先管制委員會
第十五次會議紀錄

日期　民國 31 年 9 月 1 日下午 4 時

地點　軍政部會議廳

出席　沈克非　　　　　　俞大維（楊繼曾代）

　　　劉敬宜　　　　　　王景錄

　　　蔣易均　　　　　　盧祖詒

　　　龔學遂　　　　　　童季齡（閻子素代）

列席　李世軍　　　　　　王立貴

　　　王承黻（高大經代）　段景祿

　　　周元成　　　　　　陳　璞

主席　俞副主任

紀錄　徐允鰲

甲、主席報告

（1）上次會議經過及處理情形（略）。

（2）據周區代表電報定疆機場失火情形（與上次中航
　　　公司高代表所報情形相符）。

乙、討論決定事項

（一）關於中航公司承運軍公物資運費，業已洽准財
　　　政部先行墊撥壹仟萬元，其應如何支付、歸墊、
　　　報銷等問題，核議辦法如下：

　　　1. 由各機關根據每月所定百分比率中應得之噸
　　　　 位及中航運價，於每次決定後即在三、五日

內編列月份預算。

2. 中航公司應每旬將實運各政府機關物資噸位及應收運費數目作一結算列表，報由運統局審核簽證撥扣。

3. 七、八兩月者應由各機關辦理追加，一面由周區代表將交與中航公司實運噸位查明報局，並嗣後亦須每旬詳列表報以憑核對。

4. 墊付運費之機關以百分比率所定範圍而向國庫直接領款之各政府機關為限，如非政府機關而雖在百分比率以內者，亦不墊付。

5. 九月份之預算應由各機關在五日內編送運統局核轉核轉。

（以上各節仍由財務處先與財政部商妥後，詳定辦法呈核施行。）

（二）郵政總局由倫敦運抵印境郵票每月約八千公斤，函請隨時洽交中航機內運案，准在九月份中於資委會噸位內先行分運四噸，以後再行核辦。

（三）航委會軍政廳函請將由美運印衛生器材儘先內運案，准於九月份醫藥部份內保留一噸，但仍須開單送局核運。

（四）總長條諭關於航委會所存定疆一百號汽油貳仟伍佰桶，係在九、十、十一，三個月中，凡內運飛機帶運壹桶案，擬改帶兩桶，簽復總長並函史迪威將軍照辦，暨電知沈總、周區兩代表。

丙、主席提示事項

（一）電知周區代表關於七、八兩月份百分比率應作
結束，其有未照規定運足不再補給，以免妨礙
九月份實施噸位。

（二）九月份規定由中航運機交液委會之汽車用油，
如目前在印境並無該會油料存儲或到達，則應
先向其他部份撥借交運，以濟需要，即通知周
區代表及液委會。

物資內運優先管制委員會
第十六次會議紀錄

日期　民國 31 年 9 月 8 日下午 4 時

地點　軍政部會議廳

出席　沈克非　　　　　　俞大維（楊繼曾代）

　　　劉敬宜　　　　　　童季齡（閻子素代）

　　　潘光迥　　　　　　蔣易均

　　　王景錄　　　　　　龔學遂（徐允鰲代）

列席　王承黻（高大經代）　周元成

　　　王立貴　　　　　　段景祿

　　　許詒勳　　　　　　陳　璞

主席　錢祕書長

紀錄　徐允鰲

甲、報告事項

（一）主席報告上次會議經過及處理情形（略）。

（二）財務處王組長立貴報告關於財政部准撥中航運
　　　費週轉金壹仟萬元案續洽經過（略）。

乙、討論決定事項

（一）各機關編造中航機內運物資運費預算辦法：

　　　1. 七、八兩月應查明實運數量，辦理追加。

　　　2. 九、十兩月應照現時估定分配運量為標準。

　　　3. 十一、十二兩月可照九、十兩月之估定運量增
　　　　 加百分之五十編列。

4. 各機關應編前項預算，務必在九月底以前完
全辦竣，呈行政院並抄送一份到局備查。

（二）財政部已准墊撥之週轉金壹仟萬元，並由財務
處催發。

（三）關於醫藥部份百分之五運費預算，經軍醫署、
衛生署兩方代表商定，軍醫署佔百分之三，衛
生署佔百分之二（至其需運噸位仍照前例由各
該署隨時會商活動支配）。

（四）美機運輸量在十月份以後究能達成若干，請周專
員元成先向美國軍事代表團非正式洽詢具報。

（五）據運務總處所擬「中國航空公司承運政府機關
進口物資起運卸收及核扣運費暫行辦法」，可
先印發各有關部份審查簽註，限本星期六以前
送局，提付下次會議決定實施。

（六）關於航委會呈委座儉會參壬渝代電請由局向史
迪威將軍交涉每月空運飛機油一千噸並利用土西
鐵路在八九兩月間運蘭二千噸至該線暢通時月運
八千噸案

決議：

以下各點答復：

1. 查空軍缺油問題曾迭次核議，僉以目前美機運力既
弱，而中航機每月亦只兩百餘噸之運量，即如全供
空軍補給，亦不足解決其鉅額需要，但事實上對於
其他之必要物資又無法使其停運。

2. 最近曾由總長將目前空運困難及空軍需要狀況電報宋
部長，並請其在美交涉，從速充實機力，以資救濟。

3. 該會現存定疆一百號汽油貳仟五百桶，已由總長函
   請史迪威將軍在九、十、十一，三個月內，凡內運飛
   機每機帶運兩桶。

4. 土西鐵路利用問題，目前似無希望。

（七）奉交委座申江侍祕代電為據財政部呈轉據中央
　　　銀行發行局稱航運鈔券盼每月運足五百噸為標
　　　準希即核辦案

決議：

照下列情形簽復並電財政部：

查現時中航機運量每月至多兩百餘噸，鈔券部份規定其
百分之四十，實已盡到最大之可能，此外除兵工急料亦
佔百分之四十外，其餘如交通通訊、醫藥、生產等各類
物資僅共百分之二十，現財政部要求月運鈔券五百噸，
目前無法照辦。

（八）資源委員會電請在原定中航機百分比率其他項
　　　下應得之噸位儘量裝運該會器材案，可答復如
　　　無其他特殊重要物資待運，儘可照辦。

（九）中航公司高代表提請關於承運物資運費不能悉
　　　照美金以官價折合法幣付給案，應由中航公司
　　　正式來函再議。

（十）航委會劉代表敬宜提請在中航機百分比率內酌
　　　定該會噸位以示相互協助案，請由該會作一提
　　　案，交付下次會議討論。

物資內運優先管制委員會
第十七次會議紀錄

日期　民國 31 年 9 月 15 日下午 4 時

出席　沈克非　俞大維（楊繼曾代）

　　　蔣易均　童季齡　王景錄

　　　劉敬宜　潘光迥　龔學遂（徐允鰲代）

列席　李法端　王承黻（高大經代）

　　　繆經田　周元成　段景祿

　　　陳　璞　王立貴　許詒勳

主席　錢祕書長

紀錄　徐允鰲

甲、 報告事項

（一）主席報告

　　　1. 上次會議經過及處理情形（略）。

　　　2. 關於上次航委會劉代表詢問美空軍汽車用油
　　　　供給問題，經查明會商處理經過（略）。

（二）周專員元成報告奉命向美派遣軍司令部非正式
　　　洽訊十月份空運估計噸位如下（略）。

（三）財務處王組長立貴報告中航機運費週轉金壹仟
　　　萬元已由財政部撥到。

乙、 討論決定事項

（一）交通司王司長提議美機運量已有增加希望擬請
　　　酌撥交通通訊器材運輸噸位以應需要案

（二）兵工署楊司長提議如今後美機運量確能增加可
　　　將原規定由中航機承運之兵工器材噸位予減讓
　　　而將交通通訊器材酌予增撥則可避免美方之異
　　　議案

（三）衛生署沈副署長提議如美機運量增加兵署物資
　　　能將中航機承運之噸位減讓時擬請對醫藥部份
　　　亦予增給以應軍民需要案

決議：

以上三案應係前請美方內運之兵工急料一千一百餘噸儘
先運足（原跟十月底運完），一面由中航公司估定今後
運量，而在十一月份始再更動比率，並彙集各機關需要
情形，作合理之分配。

（四）兵工署楊司長提案

　　　1. 准軍需署函請有存印織布需用之鋼絲針布計
　　　　　二噸及八五公斤，目前需要甚急，可否准在
　　　　　中航機其他噸位中予以內運。

　　　2. 又准該署請對美購白布布毯規定內運噸位案，
　　　　　可否在分配今後運量時酌給。

決議：

（1）項准在原定中航機九月份如能達成三百噸時，其
　　　餘二十六噸仍運汽車用油部份內特予撥讓洽運，
　　　但如有此外物資，概不得援例請求。

（2）項可俟下次分配運量時酌辦。

（五）航委會劉代表提請對於空軍汽車汽油今後仍須
　　　由中航機及美機隊帶運案

（六）交通司王司長提議關於汽車汽油在無線電台方面
　　　亦極需要似應設法補充案

決議：

應視以後運輸情況如何再議。

（七）航委會電請在美運輸機隊及中航機比率內共定
　　　40% 運量案

決議：

可否酌撥，當由本會議根據美機十月份以後運量，請總
長核示。

（八）航委會電請將在印藥品三十箱准照十五次會議
　　　決定在醫藥部份保留一噸項下即予照運案

決議：

可照辦，仍須開單送會查核。

（九）關於美代表團賀安將軍函復航委會到卡拉蚩汽
　　　化器設備三箱請收交中航機承運案

決議：

先由航委會自行設法運到定疆，再配噸位。

（十）關於前由總長函請美方將航委會到卡 .303 槍彈
　　　144 萬 2000 發予以內運旋據美方詢問是否急需
　　　如果必需內運則須減少彈藥噸位案

兵工署楊司長報告：

已由兵署將現有美來之 77 子彈（口徑相同）檢送航委
會試用，如果合用，則可撥與 100 萬發，對於 .303 槍
彈似可緩運。

（十一）關於前由總長函請美方將航委會存定疆百號
　　　　汽油 2500 桶在九十十一三個月內每機帶運兩

桶現准美方函詢對於前定兵工器材優先權是否
變更案

（查該項汽油如限三個月運完，則每月須帶
八百餘桶，計重在 1300 噸左右，少帶則不能運
完，但在八月份所運兵工材料亦只 170 餘噸，
如果必須帶運，則對兵料噸位減少甚多。）

決議：

併案簽請總長核示。

（十二）貿委會童副主任委員函請對財部鈔券月需運
　　　　足五百噸向美方撥出運輸機五六架專供運鈔
　　　　券案

決議：

簽請總長核示。

（十三）兵工署楊司長提請關於上次會議各機關編造
　　　　中航機內運物資運費預算辦法第四點尾稱送
　　　　局彙轉財政部一節似應研究改正案

決議：

將「送局以便彙轉財政部」一節，可改為「請各機關逕
送行政院並抄一份送運輸統制局備查」。

（十四）中航公司運費週轉金壹仟萬元應如何轉撥案

決議：

可全部轉發中航公司具領。

（十五）兵工署楊司長報告兵署近到孟買物資甚多該
　　　　地並無代表應請設法派員聯繫接管案

決議：

電沈總代表派員辦理。

物資內運優先管制委員會
第十八次會議紀錄

日期　民國 31 年 9 月 22 日下午 4 時

地點　軍政部會議廳

出席　王景錄　　　　　　童季齡（閻子素代）

　　　劉敬宜　　　　　　俞大維（楊繼曾代）

　　　蔣易均　　　　　　沈克非

　　　潘光迥　　　　　　龔學遂（徐允鰲代）

列席　李法端　　　　　　李世軍

　　　王立貴　　　　　　周元成

　　　陳體榮　　　　　　段景祿

　　　王承黻（高大經代）　陳　璞

　　　許詒勳　　　　　　應家秉

主席　錢祕書長

紀錄　徐允鰲

甲、 報告事項

（一）主席報告

　　1. 上次會議經過及處理情形（略）。

　　2. 據沈總代表士華呈報與美方談定美案物資移
　　　交及今後駐印代表處與美方聯繫辦法（略）。

　　3. 關於前請美機內運之航委會百號汽油、子彈、
　　　汽化設備等項，經簽奉總長核示解決辦法
　　　（略）。

　　4. 關於本會會議紀錄屬於極機密性質，應編號

分發，收受機關應負責保管。

（二）中航公司高代表報告

接昆明辦事處本（二十二）日上午十一時電告，二十一日由定疆飛昆本公司 53 號飛機一架，自載商貨 46 件計重 1873 公斤，又稱此係定疆大西貿易公司寄昆明中正路雲龍巷十四號胡孔夫（譯音）之物，內屬皮與雜貨，已先由本公司電昆扣留。

乙、 討論決議事項

（一）關於中航機由定疆運昆商貨案

決議：

先電昆明滇緬局葛局長查扣，並再電飭周區代表詳查報核。

（二）財務處王組長提關於各機關編造空運運費預算仍應根據原有運費預算述明不敷情形或係重新成立性質否則恐遭財政部核駁案

決議：

請各機關注意辦理。

（三）中航公司高代表提關於七八等月份已運物資尚未收運費之帳單應如何抄送案

決議：

除分別抄寄各該主管機關外，應各抄一份送運輸統制局。

（四）運務總處提議關於前擬「中國航空公司承運政府機關進口物資起運卸收及核扣運費辦法」業准各機關先後核覆對於條文方面均無意見只要

　　求將所附授受清單加添份數擬酌予增加公佈實
　　施案

決議：

照辦，但關於扣費辦法再與財務處詳商修訂後實施。

（五）十月份中航機內運之分配仍根據九月份規定原
　　　則酌予改動以應各方需要案

決議：

1. 照三百噸之運量，除兩百噸仍照原定百分比率實施
　　外，以五十噸續運汽車用汽油及機油，並仍為專供
　　接運空運抵昆兵工急料等物資之需。

2. 以五十噸支配各機關續請內運之急要及零星物資，
　　其分配噸位如下：

　　（一）汽車急要配件十噸（此項配件仍由汽車配件管
　　　　　理委員會統籌分配之）

　　（二）資源委員會急要器材六噸

　　（三）中央汽車配件製造廠鋼鋁五噸

　　（四）航委會急要零星器材五噸（前請內運之汽化
　　　　　器設備三箱包括在內）

　　（五）中央製藥廠製藥原料兩噸

　　（六）中南橡膠廠膠條五噸（此係前經本局核准之修
　　　　　胎原料）

　　（七）軍需署原料壹噸半

　　（八）交通部載波機及濾波器六噸半

　　（九）鹽務總局汲滷鋼繩貳噸

　　（十）急要醫藥貳噸（由軍醫署、衛生署各佔一噸）

　　（十一）交通司急要乾電池五噸

3. 以上所定分配辦法須視實際運力如何，依照先後順
   序內運，即如不能到達三百噸時，則將後到物資依
   序遞減。

（六）歐亞航空公司電請在印代購 87 號飛機汽油二十
　　　噸並請空運至昆案

決議：

轉交通部核辦。

（七）交通部提請由印航運物資分配率改為百分之二
　　　十五以應急需案

決議：

留待十一月份分配時核議。

（八）財政部電請運鹽務總局鋼繩 100 至 200 噸案

決議：

除在十月份配給兩噸外，餘視今後運力如何再議。

（九）航委會續請在美機及中航機比率中共定百分之
　　　四十案

決議：

除在十月份配給五噸內運該會緊急零星物資，並關於該
會存定疆百號汽油已由總長交涉美方允許全部飛機儘先
裝運入國外，所請規定百分之四十比率尚難照辦。

（十）軍醫署函請關於上次衛生署提議對於醫藥部份
　　　增至百分之十五比率深表贊同案

決議：

除在十月份已另給兩噸外，餘容再議。

（十一）衛生署沈副署長提議美紅會有消毒藥品四噸
待運請電周區代表准在九月份應得噸位中提
前內運案

決議：

照辦。

（十二）兵工署楊司長提議關於下次擬定內運物資百
分比率時如有主管機關之各附屬部門或廠商
所需內運物資應通納於主管機關所得比率內
統籌配給勿再另予支配案

決議：

下次擬定時可注意辦理。

物資內運優先管制委員會
第十九次會議紀錄

日期　民國 31 年 9 月 29 日下午 4 時

地點　軍政部會議廳

出席　錢大鈞　　　　　　龔學遂

　　　童季齡（閻子素代）　俞大維（楊繼曾代）

　　　蔣易均　　　　　　劉敬宜

　　　潘光迥　　　　　　王景錄（許詒勳代）

　　　沈克非

列席　周元成　　　　　　段景祿

　　　陳　璞　　　　　　李法端（應家秉代）

　　　盧致德　　　　　　王承黻（高大經代）

主席　錢祕書長

紀錄　徐允鷔

甲、　報告事項

一、主席報告

　　（1）上次會議經過及處理情形（略）。

　　（2）本月二十一日中航機一架載運商貨案，截至
　　　　　現在所得報告情形（略）。

乙、 討論決議事項

一、據滇緬路局葛局長請示遵電扣留中航機運昆高貨
　　應如何處理案

決議：

除中航公司已將定疆營業主任先行革職外，關於貨物之
處理應俟沈總代表查報到局再議。

二、沈總代表士華電請照會史迪威將軍飭知惠勒將軍
　　對物資內運程序隨時予該總代表以必要調整之權
　　應請公決案

決議：

可照辦，並關於業照原定程序變更而必須提前空運之各
項急料，仍由該總代表向美方交涉儘先內運。

三、財政部童代表提議就中航公司中印段運量內劃撥
　　英料固定噸位案

決議：

電沈總代表查明如下各點再議：

（1）英來物資業既商准暫由美方代管代運，但其到印
　　　物資船如何接收。

（2）據報現時到印英購物資無人接管，究向何人洽辦。

四、據沈總代表士華電請核示關於美軍機噸位是否不
　　歸我方直接支配案

決議：

以美案物資除由我方負責分配內運順序，通知史迪威將
軍飭辦外，其噸位之支配不歸我方直接管制，電復沈總
代表。

五、交通部請對電訊器材視同軍品並提高百分比率俾
　　資內運應急案

決議：

本案在上次會議時已准李司長出席提議，經決定除在十
月份中航噸位內配給六噸半作為提運載波機等急料外，
餘待十一月份再議紀錄在卷，照此答復。

六、經濟部翁部長函請於調整中航機百分比率時生產
　　物資予以提高案

決議：

將目前空運情形婉復，並視今後運力之可能，當為酌辦。

七、財政部鹽務局請將到印手車一批連同車胎等件共
　　八百餘套提前空運案

決議：

俟今後運量增加時再議。

八、航委會請將已到定疆之菜苗機發動機十四具備件
　　六箱（未列重量據該會劉代表估計約八噸左右）速
　　飭空運案

決議：

如十月份中航機超過三百噸時，可配運，否則留待十一
月份核配。

九、中央廣播事業管理處到印廣播器材約四〇餘噸為
　　美貨物資請分批內運案

決議：

在下次分配時再為配辦。

十、衛生署有美紅會捐給之鼠疫藥片五箱約共 150 公斤
　　已到加爾各答擬請准由中航機提前內運案

決議：

數量不多，可逕洽中航公司利用客運空餘噸位內運。

十一、中央日報社函擬派員赴印採購薄型紙等印報器
　　　材其內運手續如何辦理案

決議：

據段專員景祿面告僅及二百餘公斤之重量，可逕洽中航
公司利用空餘噸位帶運。

十二、政治部函請對中國電影製片廠存印製片器材准
　　　予設法空運案

決議：

據前次函請內運數約七百公斤，可逕洽中航公司利用客
機空餘噸位帶運。

十三、中航公司代表提議，關於上次會議決定七、八
　　　等月份已運物資未收運費之帳單分別抄送各該
　　　主管機關及運統局辦法，擬改為造具二份併送
　　　運統局核明後，以一份存查，一份轉送該主管
　　　機關。

決議：

照改。

物資內運優先管制委員會
第二十次會議紀錄

日期　民國 31 年 10 月 6 日下午 4 時

地點　軍政部會議廳

出席　錢大鈞　　　　　　俞大維（楊繼曾代）

　　　冀學遂　　　　　　王景錄（許詒勳代）

　　　沈克非　　　　　　潘光迴

　　　蔣易均　　　　　　童季齡（闇子素代）

　　　劉敬宜

列席　王承黻（高大經代）　李法端

　　　王立貴　　　　　　周元成

　　　段景祿　　　　　　應家秉

　　　陳　璞　　　　　　許詒勳

　　　盧致德

主席　錢祕書長

紀錄　徐允鷙

甲、 報告事項

主席報告

（1）上次會議經過及處理情形（略）。

（2）九月上旬定昆間空運運量（略）。

（3）中旬較上旬運量減低半數（美機）應查明原因。

（4）在八月份實運數量中，經核中航機每機運量較美軍
　　　機平均約少五百公斤，應請中航公司查明原因，
　　　並希望調整。

乙、 討論決議事項

1. 財政部續請轉向美方洽撥專機運鈔案

決議：

請周專員元成先向美國軍事代表團非正式洽談後再議。

2. 航委會來電關於 303 槍彈仍須迅速內運案

決議：

此案業經另有辦法解決，來文內容似未獲悉，可將經過
查案詳復。

3. 周區代表來電關於印商贈我繃帶已收到三十餘噸請
   示收貨機關以便交運案

決議：

據軍醫署答復，應先運藥品，繃帶國內存儲尚多，可暫
緩運。

4. 軍政部來電為支配軍醫署空運噸位過少請另行核給
   以資補救案

決議：

上次軍醫署曾有是項要求，經決議留待下次規定時再議
在卷，可查案函復。

5. 軍醫署提請將到達加爾各答瘧滌平一箱提前內運案

決議：

電周區代表在該署噸位中儘先內運。

6. 中央宣傳部請對中央電影攝影場到印器材提前空
   運案

決議：

函復先向中航公司洽商利用客機空餘噸位搭運。

7. 中國汽車製造公司請將特種合金原料精細工具及零
   件等共約五噸航運案

決議：

交汽車配件管理委員會在汽車配件噸位內酌核。

8. 財政部來電准陸軍第五軍檢送在印訂購咔嘰布清單
   請列中航機運量內運案

決議：

復應由該軍呈軍政部核辦。

9. 財務處王組長提議各機關利用中航客機空餘噸位帶
   運物資其運費均須付現不得在週轉金內扣除案

決議：

照辦。

物資內運優先管制委員會
第二十一次會議紀錄

日期　民國 31 年 10 月 13 日下午 3 時

地點　軍政部會議廳

出席　錢大鈞　　　　　　　俞大維（楊繼曾代）

　　　陳　璞　　　　　　　沈克非

　　　童季齡（閻子素代）　蔣易均

　　　王景錄　　　　　　　潘光迥（李法端代）

　　　龔學遂

列席　李法端　　　　　　　何大忠

　　　王承黻（高大經代）　應家秉

　　　工潤生　　　　　　　許詒勳

　　　舒昌譽

主席　錢祕書長

紀錄　徐允鰲

甲、報告事項

一、主席報告上次會議經過及處理情形（略）。

二、王科長潤生報告奉派代向美國軍事代表團非正式
　　洽談關於財政部請撥專機運鈔案

　　　1. 現時美國製造飛機均為戰鬥所用者，欲增撥運
　　　　輸機專運鈔票事，不可能。

　　　2. 目前在定昆間飛行之運輸機數量亦不多，對於
　　　　交運之兵工急料尚未達成任務。

  3. 中航公司現有運輸機十三架，鈔券似可由該公
   司撥機專運。

三、中航公司高主任報告現在中航實有運輸機十一架，
  每月運量仍以三百噸標準較為可靠。

四、交通司王司長報告關於交通通訊器材之需要情形
  （略）。

乙、 討論決定事項

一、關於財政部請撥專機運鈔案

決議：

將非正式洽談情形答復，並在十月份汽車汽油五十噸內
以十噸加運鈔券。

二、葛局長陽昆運祕電報九月份及本月份空運到昆汽
  車汽油共三百餘桶查係兵署商由美方在兵資噸位
  內撥運為專供接運兵資之用業商同川滇西南兩局
  各出汽車編隊運輸電請備案案
  據兵工署楊司長答復：本署與美方商洽一節，並無
  其事，惟對該項汽油為專供接運兵資之需，俞部
  長前曾有此指示。

決議：

電復無與美方洽談事，所陳辦法可照辦，但各物資機關
如有緊急物資運輸需油時，可酌量供給。

三、資源委員會請將甘肅油礦局到達卡拉齊鑽機十一
  箱共重一四○○磅洽由美方先空運定疆案

決議：

電沈總代表洽辦。

四、財政部來電關於鹽務總局鋼繩尚未到印惟月配兩
　　噸不敷需用請在十一月份起增加噸位案

決議：

應俟到達後再議。

五、軍令部來函請將電信總隊印購藥品四五十磅內運案

決議：

復請向軍醫署核辦。

六、渝鑫鋼鐵廠續請將炭精一噸由加內運案

決議：

由資委會在所得噸位內核配。

七、財務處何副處長提議關於十月份中所定中航機空
　　運噸位計有汽車配件管委會十噸及中央汽車配件
　　製造廠五噸均無空運費預算應如何辦理案

決議：

可逕由各該廠分別付款。

丙、 主席提示事項

關於十一月份空運百分比率應取銷零星支配辦法以歸納
於各該主管機關為要旨，由運務總處擬定，提交下次會
議討論。

物資內運優先管制委員會
第二十二次會議紀錄

日期　民國 31 年 10 月 20 日下午 2 時 30 分

地點　軍政部會議廳

出席　錢大鈞　　　　　金寶善

　　　童季齡（閻子素代）　俞大維（楊繼曾代）

　　　劉敬宜　　　　　王景祿

　　　蔣易均　　　　　潘光迥

　　　龔學遂　　　　　陳　璞

列席　李法端　　　　　王承黻（高大經代）

　　　盧致德　　　　　段景祿

　　　許詒勳　　　　　應家秉

　　　舒昌譽　　　　　何大忠

主席　錢祕書長

紀錄　徐允鰲

甲、報告事項

一、主席報告上次會議經過。

二、兵工署楊司長報告關於上次會議紀錄討論決定事
　　項（二），本人答復語句應請改正為「本署與美方商
　　洽一節並無其事，惟俞部長前有函致俞署長云，凡
　　兵工署由印空運到昆物資隨到隨運，該項急運物
　　資自須撥用該項空運來之汽油」。

三、中國航空公司高主任報告

　　1. 關於定昆間空運物資運費，自十月十六日起照

原定價八折計算。

2. 空運路線擬由定疆直飛宜賓問題，現由王總經理前往該線視察，將來再定進行計劃。

3. 近來由昆出口物資如鎢沙等項忽告中斷，不知如何原因。

主席答復：

出口物資中斷原因係汽車運輸未能銜接，但目前對於回空機正可作別途利用。

乙、 討論決定事項

一、兵工署楊司長提議關於中航空運路線擬定由定疆直飛宜賓，是否應作種種準備。

決議：

可作一切設施之準備。

二、改定中航機內運物資百分比率案

決議：

修訂通過，呈總長核定後自十一月份起實施（附後）。

中國航空公司運輸機承運軍公物資百分比率表

程序	區別	百分比	說明
1	鈔券及其器材	35%	屬於財政部所轄各國家銀行之鈔券及印刷所需各種器材
2	兵工器材	22%	屬於兵工署之彈藥原料或成品，並以其中5%附屬汽車用油
3	航空器材	10%	屬於航委會之各種補給器材或油料
4	交通通訊器材	15%	屬於軍公所需各種交通通訊器材或附屬物品，其中由交通司佔10%，交通部佔5%
5	醫藥及其器材	6%	屬於軍用、民用之醫藥或其器材，其中由軍醫署與衛生署各佔3%
6	軍需物品	2%	屬於軍需署之各種軍需被服原料及其附屬品
7	國防生產器材	6%	屬於經濟部主管各會處工廠之各種生產器材或原料
8	其他	4%	屬於無法歸納於上列各項並經運輸統制局隨時核運之緊急物資

附記：

1. 不論運力之增減，概須依照表定比率作適當之配運。

2. 凡有零星請運之物資，均應歸納各該主管範圍，不再臨時支配，萬一遇有無法歸納之機構，始得呈由運輸統制局在其他項下酌量核運。

3. 兵工器材項下附運之5%汽車用油為專供接運兵工急料之需。

4. 本表經物資內運優先管制委員會第廿二次會議通過，並呈參謀總長核准後自十一月份起實行。

三、交通司先後簽呈總長請增撥中航機空運噸位案

決議：

照此次改定情形併案答復。

四、航委會先後電請規定空運比率案

決議：

照此次規定比率併案答復。

五、航委會電請將在狄不魯加最重要物資及雲南防空
　　情報所月需汽油予以優先內運案

決議：

應在該會此次所得比率中自行統籌洽運。

六、郵政總局電請：

　　1. 九月份得郵票噸位四噸中因未到達未能運足擬
　　　請撥給三噸移在十月份改運汽車零件案

　　2. 嗣後關於郵用文具及郵票需共約十二噸請按月
　　　照撥噸位案

決議：

1. 可查明如十月份配定之零星物資噸位中有未到達
　者，准給該局內運汽車零件。

2. 依此改定百分率原則應逕呈交通部辦理。

七、中國毛織廠需用重要機件及原料請飭中航公司每
　　月代運十噸案

決議：

函復逕請經濟部、資委會核辦。

物資內運優先管制委員會
第二十三次會議紀錄

日期　民國 31 年 10 月 27 日下午 2 時 30 分

地點　軍政部會議廳

出席　劉敬宜　　　　　蔣易均

　　　童季齡（閻子素代）　俞大維（楊繼曾代）

　　　段景祿　　　　　應家秉

　　　陳　璞　　　　　沈克非（舒昌譽代）

　　　李法端　　　　　王承黻（戴寶華代）

　　　陳菊如（中央銀行代表）

主席　錢祕書長

紀錄　徐允鰲

甲、 主席報告

一、主席報告上次會議經過（略）。

二、據報有日定疆機場為敵機轟炸，應電周區代表將
　　損失情形查報。

乙、 討論決定事項

一、主席交議

　　據報在定疆方面各機關所得空運噸位，如對重要物
　　資感覺缺乏而不能湊足噸位，輒以普通物資加入空
　　運，似與現時僅賴空運補給主旨不合，茲擬嗣後如
　　有前項不足噸位時，應由各機關相互勻讓，提運重
　　要物資，不得再以普通物資湊數，至其相互勻讓

辦法，則由周區代表隨時商同各機關駐印代表酌辦，如何請公決。

決議：

照所示辦法暫將上述不足噸位儘先附運鈔券。

二、中航公司提議

請通知周區代表在加爾各答隨時準備三噸至五噸物資，備作本公司飛機間或從加爾各答內飛時載運到昆，以免空放。

決議：

照辦，但準備之物資仍以重要者為宜。

三、奉交賀安將軍十月廿二日來函關於嗣後送到優先分類單時請按物資類別規定內運次序毋按過去船名分類列單案

決議：

照辦，並此後各機關到印物資何者究宜提前空運，應按目前可能空運噸數估計，自行分別輕重緩急，開列兩個月運輸物資詳單，至遲三星期前送由運統局彙轉美方照運。

四、據周區代表酉禡電稱美供應部奉新德里嚴令勿運汽車汽油請在渝與美代表團確切商定案

決議：

十一月份空運噸位已將汽車汽油包含在兵工器材內，本案不必交涉，以其噸位運輸兵工器材。

五、中央廣播事業管理處請將廣播器材迅定空運噸位案

決議：

十一月份在其他項下配運 1%。

六、軍醫署提關於軍令部請運之藥品七種請准在本署
　　應得噸位中內運案

決議：

數量無多（據稱僅四、五十磅），可在中航客運機多餘
噸位內自行洽運。

物資內運優先管制委員會
第二十四次會議紀錄

日期　民國 31 年 11 月 3 日下午 2 時半

地點　軍政部會議廳

出席　錢大鈞　龔學遂　　蔣易均

　　　陳　璞　潘光迥　　劉敬宜

　　　段景祿　王景錄　　王承黻（戴寶華代）

　　　李法端　應家秉　　沈克非（舒昌譽代）

　　　俞大維（鄭家俊代）　童季齡（閻子素代）

　　　許詒勳　陳菊如

主席　俞副主任

紀錄　徐允鰲

甲、 報告事項

一、主席報告

　　1. 上次會議經過（略）。

　　2. 上月二十五日敵機轟炸定疆，美軍機略有損失，
　　　我方尚未據報。

　　3. 本月二日由定疆逕飛來渝之中航機三架，內載
　　　銅條、炭精等軍用品共五〇六八公斤，已由本
　　　局通知兵工署逕向關務署辦理免稅手續並提取，
　　　一面電飭周區代表及葛局長知照。

二、兵工署鄭代表報告

　　本署前請美軍機自六月至十月底止限期運完之槍
　　藥、紫銅、白鉛、鋼盃等四種共 1100 噸，但截至

現在所運僅及半數，美方頃向本署申明火藥一項為最危險物品，如此後裝載是項火藥之運輸機一旦遭遇襲擊而受損害時，則不能再運火藥，並表示現在運輸尚在順利之時，可將其他軍品暫停專運火藥，現存定疆之二千餘噸可於現在起至明年二月底完全運竣等由，業經本署同意，並正簽請總長核示中。

乙、討論決定事項

一、航委會來電 P66 機零件需用甚急請飭美軍機提前空運案

決議：

俟查明重量再議。

二、汽車配件管理委員會簽請空運汽車配件在十一月份仍予維持十噸案

決議：

在十一月份中航機百分比率其他項下配運 2%（約六噸）。

三、中央製藥廠來函關於九十兩月所得空運物資四噸未能如期內運請予保留案

決議：

既未準備，礙難保留，將來需要時可逕向衛生署洽辦。

四、財政部來電續請增加鈔券及器材內運噸位案

決議：

除將過去對鈔券之內運重視及經過詳復外，並又規定十一月份中航機運量如能超過三百〇一噸至二十噸時，除去三百噸按照比率實施外，以其超出噸位亦得提運鈔券。

五、衛生署提議關於存印物資內運事項：

（一）存印機場附近之物資，物資機關駐印代表可否就物資需要之緩急直接商請區代表在分配噸位內按秩序內運。

（二）在藥品器材分配已定之噸位內，本署與軍醫署可否協議相互讓用，由本署及軍醫署駐印代表商請區代表辦理。

決議：

照辦，並通知各有關機關。

六、第五軍杜軍長來電請將現定空運噸位百分比率情形明令告知案

決議：

該軍所需空運各種車輛零件及機器工具可逕向交通司洽辦。

七、沈總代表來電為卡定空運能力微弱除急要輕便物資准予利用外擬請酌予限制案

決議：

卡拉嗤至定疆間空運能力微弱，我政府各機關對於此段運輸可儘量利用火車，因交涉空運希望甚少。

八、軍醫署提議茲有美國醫藥助華會醫藥器材八箱計重一千零二十八磅請在十一月份內准在其他噸位或本署應得噸位中付現運交昆明美國紅十字會案

決議：

該項藥品數量無多，且須付現交運，可洽中航客機空餘噸位內運。

九、中航公司提議永利化學公司有五千尺之汲滷鋼繩
　　約四噸二本公司之運輸機無法載運擬請轉洽美機
　　內運案

決議：

此項鋼繩確極亟需，當可准予內運，但如整圈噸位過
多不能載入機身，應由該永利公司自行設法截短以便
分裝。

十、交通部交通司等各機關提議接印方報告關於英購
　　物資在印仍無接管機構曾經開會商有下列三項辦
　　法應如何辦理案
　　　1. 由各機關聯合組織辦事處
　　　2. 由運輸統制局辦理
　　　3. 委託福公司代辦

決議：

據財政部閻代表稱，此事另有辦法請示孔副院長，俟有
批示再行核議。

十一、衛生署舒代表提議關於中央製藥場所請保留之
　　　噸位因本署所得比率有限擬請在其他項下及本
　　　署噸位中各分一半案

決議：

此項所請內運器材據稱尚未到達，將來如有商洽時再議。

十二、中航公司提議關於我政府各機關與駐印代表來
　　　往文件郵遞遲緩應設法交涉案

決議：

可不依賴郵遞，交中航機帶由本局駐印代表遞轉，此事
由主管人員洽商辦理。

物資內運優先管制委員會
第二十五次會議紀錄

日期　民國 31 年 11 月 10 日下午 2 時 30 分

地點　軍政部會議廳

出席　潘光迥　　　　　　　　沈克非（舒昌譽代）

　　　劉敬宜　　　　　　　　童季齡（閻子素代）

　　　王景錄　　　　　　　　龔學遂

　　　俞大維（楊繼曾代）　　蔣易均

　　　陳　璞　　　　　　　　王承黻（戴寶華代）

列席　李法端　　　　　　　　應家秉

　　　段景祿　　　　　　　　許詒勳

　　　陳菊如　　　　　　　　李駿耀

　　　程威廉

主席　俞副主任

紀錄　徐允鰲

甲、　報告事項

一、主席報告

　　1. 上次會議經過（略）。

　　2. 周區代表賢頌九月二十日來函報告，中印間來往文件遲緩情形、百分比率週折問題、美方對物資紀錄不確實問題、各機關應派技術人員擔任驗看工作問題。

　　3. 據周區代表戌麻電報告，上月儉日敵機襲茶巴疆，我方被炸物資為航委會之汽化器三箱。

二、財政部閻代表報告關於上次紀錄決議事項第十案
　　本席答稱此事另有辦法請示一節，即指委託福公
　　司代辦而言，請予更正。

三、潘參事光迴報告關於中航機由美軍部訂約付價案，
　　目前正由交部派員在印與美方談判，截至現在尚未
　　得何正式結果，惟我方須加注意之點，即如業經委
　　座核訂同意之訂約條文，表面上在該約成立後所有
　　優先程序及噸位之管制雖仍屬於我方，但事實上能
　　否做到，是值得顧慮之問題，現在交涉之要點亦以
　　此為主體。

乙、 主席提示事項

一、關於周區代表來函報告各點須注意辦理者：

　　1. 中印間來往文件遲緩問題，除由龔處長向中宣
　　　 部洽詢外，應請外交部提出交涉。

　　2. 物資內運優先程序之支配，我方仍須保持絕對
　　　 管制權限，美方只負運輸之責。

　　3. 在印起運物資之紀錄與選擇，應請各機關轉飭
　　　 各該駐印代表切實注意，如在所得噸位中並無
　　　 重要物資可運，不能再以普通物資裝運，免耗
　　　 有限之空運力量，各機關如無技術人員在印，
　　　 應速指派。

二、關於中航機由美軍部訂約問題，請潘參事如得到
　　印方交涉結果，隨時告知。

三、空運汽車用油，因美方不能同意，暫無法繼續輸
　　入，則今後空運到昆之物資必須籌撥酒精接運。

丙、 討論決定事項

一、航委會代電關於存卡特種 303 槍彈仍須迅速內運案

決議:

聞目前美機正在趕運兵署火藥,如加運前項槍彈,又必影響其噸位,但可否擇其必須之穿甲、發光兩種,請美方內運之處,呈明總長核辦。

二、航委會軍政廳存印美租案內衛生器材約三十餘噸請增給噸位內運案

決議:

准以中航機其他項下留出之百分一給予內運。

三、經濟部來電重慶電力公司有存電表二千七百餘隻約七八噸請交中航機內運案

決議;

可逕洽中航機公司利用客機空餘噸位帶運。

四、交通部來函歐亞航空公司急需飛機油請每月另撥空餘噸位十噸以便在印購運案

決議:

目前空運噸位已分配無餘,礙難照辦。

五、西康省政府來電有存定水力發電機約三噸請空運至昆案

決議:

目前空運軍品正亟,暫難照辦。

六、周區代表酉儉電請示關於第十九次會議錄第四條
　　一項對美軍機噸位之支配不歸我方直接管制之說
　　是否僅指美軍機半數而言案

決議：

根據該項議決原意解釋答覆。

七、沈總代表酉感電查復業已運昆之汽車用油係由美
　　英方借到十一月份雖已洽准美方提撥但無鐵桶供
　　給請在渝洽辦案

決議：

此事曾經數度交涉無效，可暫勿運汽車用油，並照十一月
份所定百分比包括辦法改運兵工器材。

八、總長戌庚代電於三日內查明普拉脫惠特尼引擎貨
　　主並儲存數量案

決議：

根據航委會劉代表答復各點簽復總長。

物資內運優先管制委員會
第二十六次會議紀錄

日期　民國 31 年 11 月 17 日下午 2 時 30 分

地點　軍政部會議廳

出席　龔學遂　　　　　　潘光迴

　　　沈克非　　　　　　劉敬宜

　　　童季齡（閻子素代）　蔣易均

　　　王景錄　　　　　　俞大維（楊繼曾代）

　　　陳　璞

列席　段景祿　　　　　　李法端

　　　戴寶華　　　　　　陳菊如

　　　應家秉　　　　　　許詒勳

　　　程威廉

主席　龔學遂

紀錄　徐允鰲

甲、報告事項

一、主席報告

　　1. 上次會議經過（略）。

　　2. 十月份空運量：

　　　　（一）中航機三三五・五六六公噸

　　　　（二）美軍五六五・〇九三公噸

　　3. 周區代表戌真電報告本月上旬美機十架修理，
　　　　是以運量減少。

4. 周區代表戍隊代電報告，現在內運物資不分來源為英美或自購，凡在該處每月列單之內者，美軍均為代運，並無區別。

5. 史迪威將軍十月十四日答復總長函述空運情形，其要點有稱在一九四三年二月間美在華空軍之供應可全部由美方擔任，同時可代中國政府每月運入物資二千噸，將來或不止此之一節。

6. 上次會議本席奉派向中宣部洽詢中印間寄遞文件情形，經向董副部長洽悉，該部寄往印境文件只以加爾各答為限，有不受檢查之特權，本局如有轉遞文件可用主任、副主任名義逕函該部國際宣傳處曾處長虛白洽辦。

二、中央銀行發行局陳代表報告，關於鈔券一項未能按照每月規定比率運足，請飭周區代表注意實施。

乙、 討論決定事項

一、奉總長十一月九日條諭飭估計明年全年內運醫藥器材所需噸位及能配與外國慈善醫藥團體之空運噸位案

決議：

（一） 衛生、軍醫兩署估計明年所需內運醫藥與器材，月約 100 至 120 噸，年約 1200 至 1440 噸。

（二） 根據史將軍復總長函，由所述一九四三年二月間可代我政府每月運入物資二千噸之數量，則於明年估計能配空運醫藥與器材月約 80 噸至 100 噸，年約 960 噸至 1200 噸。

二、航委會來電以現存狄不魯加待運物資共十萬餘磅
　　十二月份分配 30 噸不敷其鉅請增為一百噸案

決議：

照目前空運情形，委實無法增加，俟明年運量確能充實時
再為設法。

三、周區代表來電擬利用中航客機空餘噸位運紫鋼鋅塊
　　其運費亦予每月結算在一千萬元週轉金內併扣案

決議：

（一）查照第十三次會議所訂利用客機空餘噸位運物辦
　　　　法復知。

（二）如各機關確無其他零星公物交運時，可照所陳辦
　　　　法辦理。

（三）關於帶運前項兵料之接收提取等手續，仍須由周
　　　　區代表在印與中航妥商，並由兵工署在渝洽妥，
　　　　以免臨時週折。

四、周區代表來電以美方已允月撥我方汽車用油五十
　　噸但本月份百分率所定十五噸應否增加或俟下月
　　調整之處請核示案

　　　　（按美方允撥汽車用油，前據沈總代表亦有報告，
　　　　但無鐵桶裝載，經在渝屬數度交涉無效，故已電
　　　　飭改運兵工材料在案。）

決議：

先電葛局長：

（一）關於空運到昆物資前曾規定隨到隨運，現時接運
　　　　情形究竟如何。

（二）今後如無汽油運入，關於接運到昆物資亦須撥給

酒精，有若何困難，俟復到再議。

五、周區代表來電報告本月四五六七八九日美軍運出
　　汽車油八十八桶收貨人均用 SOS 名義經去函交涉
　　以史將軍電令在昆美軍斷油飭在我國物資內運額
　　中加運美軍汽車油 200 桶案

決議：

美軍用油已由戰地服務團洽請本局租車運輸玉門油至昆在
案，應將此意電飭周區代表轉告美方，勿須繼續內運。

六、軍醫署提奉交英國軍事代表團函以英國紅十字會
　　贈我貳百病床之醫院設備全套共裝五百箱約重二
　　萬五千磅請在十二月份其他噸位中內運案

決議：

請軍醫署查明該項設備中是否國內所有而不須內運者，擇
要列單於十二月份噸位內酌予內運。

七、英國大使館新聞處來函稱有公物六噸不日可抵定
　　疆請准予優先內運案

決議：

應將該項公物品名列單送局，並俟到達定疆後再議。

八、衛生署沈副署長提議有存定待運之醫藥計中央製
　　藥廠四噸公誼救護隊一噸本署四噸共九噸請飭周
　　區代表在本月份應得比率中照運案

決議：

照辦。

物資內運優先管制委員會
第二十七次會議紀錄

日期　民國 31 年 11 月 24 日下午 2 時 30 分

地點　軍政部會議廳

出席　龔學遂　　　　　　　潘光迴

　　　童季齡（閻子素代）　蔣易均

　　　劉敬宜　　　　　　　沈克非

　　　陳　璞　　　　　　　俞大維（楊繼曾代）

　　　王景錄

列席　王承黻（高大經代）　王世圻

　　　陳菊如　　　　　　　段景祿

　　　王立貴　　　　　　　應家秉

　　　程威廉　　　　　　　李法端

　　　許詒勳

主席　龔學遂

紀錄　徐允鰲

甲、 報告事項

一、主席報告

　　1. 上次會議經過（略）。

　　2. 十一月上旬空運運量，計中航機九〇・六九一公
　　　噸，美軍機八五・七六七公噸。

　　3. 總長函史迪威將軍要求美軍機儘先搶運槍藥情形
　　　（略）。

　　4. 商兼局長震奉諭函復史將軍關於中國國防供應

物資轉移手續問題（略）。

5. 十二月份中航機內運百分比率奉總長核准仍照
十一月份規定辦理。

二、中航公司高主任報告

本公司第 60 號 C47 式運輸機於十一月十七日下午
四時〇五分由昆飛往定疆，延至當日下午六時〇五
分即不明去向，機中所載係鎢砂二千四百公斤，機
師與副技師係美籍人員，報務員華人楊光譽。

三、潘參事光迥報告

關於美軍部訂約包運中航運輸機一案，截至現在尚
未正式簽字，聞其爭執要點乃為由加爾各答至定疆
一段優先管制問題。

四、軍醫署陳代表報告

1. 關於上次會議紀錄決議第六案擇要列單下應請
更正為「於十二月份內運噸位中酌予內運」。

2. 本署近奉總長交下賀安將軍函一件，其內容乃
為查詢內運藥品發生錯誤問題，現在移請運統
局查復中。

乙、 討論決定事項

一、十二月份中航機內運比率除第二項兵工器材內
包含之汽車汽油 5% 如不能內運時仍改運兵料及
一三四五六七各項仍照原規定實施外其他百分之
四應如何分配案

決議：

1. 汽車配件管理委員會汽車配件六噸（即 2%）。

2. 永利化學公司鋼繩四噸二（即 1.4%），如此項鋼繩未及準備運出時，則悉數改運汽車配件。

3. 除以上兩項之所餘噸位，配運英國紅十字會贈我之病床設備。

二、交通部李司長提請對本部交通通訊器材內運噸位增加 5% 案

決議：

候十二月份內運比率再議。

三、沈總代表士華戌微代電請示航委會抵印物資之運輸程序究應如何辦理案

決議：

1. 凡經本會規定事宜均須由沈總代表向美方洽辦。

2. 開箱集中飛機配件問題應查明再告。

3. 請沈總代表查明印境西岸至東岸每月水陸運輸力量及現時在西岸交運物資是否適合我方要求等情形，詳細報局。

四、汽車配件管理委員會簽請准就每月二百噸之配件由卡拉蚩車運至定疆以便隨時選擇交機內運案

決議：

俟沈總代表將印境水陸運輸力量查報到局，併案擬訂印境運輸百分比率。

五、外交部來函關於駐印美領事館請向中航公司洽定每週內運影片六十公斤案

決議：

函復可逕洽中航公司利用客機空餘噸位酌予辦理。

物資內運優先管制委員會
第二十八次會議紀錄

日期　民國 31 年 12 月 1 日下午 2 時半

地點　軍政部會議廳

出席　沈克非　潘光迴　蔣易均

　　　童季齡　王景錄　俞大維（楊繼曾代）

　　　陳　璞　龔學遂

列席　李法端　王承黻（高大經代）

　　　陳菊如　應家秉　許詒勳

主席　俞副主任

紀錄　徐允鷔

甲、 報告事項

主席報告

1. 上次會議經過（略）。

2. 十一月中旬空運量，計中航機一二三・四九六公噸，
   美軍機八五・七八八公噸。

3. 財政部派沈士華兼任該部駐印代表案，已由運輸統
   制局轉知。

乙、 主席提示事項

1. 關於第十二次會議紀錄討論事項（三）案，中航公
   司報告中國紅十字會有藥品十八箱稱冒稱美貨被海關
   查扣，請沈副署長查復在案，惟迄無詳確結果，應再
   繼續澈查，一面電飭周區代表嚴防類此情事。

2. 配件委員會所請由印西運至印東之配件，月須兩百噸，數目太多，應作詳實之配備，並告知該會將來西北方面所需雪佛蘭配件應有準備。

丙、 討論決定事項

一、交通司王司長提據報本司方面到達孟買英來器材因英料接管問題未有解決故無法交運應如何辦理案

決議：

可由該司自行設法運至東岸後併予配運。

二、據周區代表戌艷電報告中航機合約已在新德里簽字關於改變裝資內運問題應請商洽糾正案

決議：

俟中航公司將美董事 Bornt（邦特）來渝報告詳情，轉局再議。

三、滇緬公路運輸局空運站林站長紀猷提議增加空運運量案

決議：

原案抄送中航公司參考。

四、英大使館新聞處函復前請內運之公物六噸內容為宣傳用品及印刷機件等刻已抵達定疆急於需用請准予每月優先內運兩噸案

決議：

如中航機運量能超過三百噸時，准予配運，一面函請中央宣傳部對於盟邦在華宣傳用品應有一平均之支配。

五、財政部請增運鈔噸位交通部請增通訊器材噸位案

決議：

（一）如中航機運量能達三百五十噸時，除三百噸照
　　　原比率實施外，以三十噸增運鈔券，以十噸增
　　　運交通部器材。

（二）另電周區代表，凡關比率所定噸位，務須確切
　　　實施。

六、交通部李司長提關於本部所送兩個月印境運輸優
　　先物資清單如何辦理案

決議：

可隨到隨轉。

七、財務處王組長關於中航公司運費帳單除九月份外
　　其餘均為送到應速造送案

決議：

由中航公司速清理送局。

物資內運優先管制委員會
第二十九次會議紀錄

日期　民國 31 年 12 月 8 日下午 2 時半

地點　軍政部會議廳

出席　龔學遂　沈克非　　陳　璞　蔣易均

　　　童季齡（閻子素代）　俞大維（楊繼曾代）

　　　王承黻（高大經代）　潘光迥

列席　李法端（楊德華代）　王立貴

　　　應家秉　陳菊如　　程威廉　許詒勳

主席　俞副主任

紀錄　徐允鷟

甲、報告事項

（一）主席報告

　　1. 上次會議經過（略）。

　　2. 十一月份空運總量，計中航機二九九‧七一六公噸，美軍機二七四‧七四六公噸，共為五七四‧四六二公噸（根據周區代表每日電報統計）。

　　3. 美國軍事代表團賀安將軍十一月廿六日函復總長，關於航委會所需 303 槍彈 50 萬發業已照運（主席指示應轉知航委會）。

　　4. 周區代表賢頌戌艷電報告配運醫藥噸位情形（略）。

（二）中航公司高主任報告

    1. 美軍部包用中航機合約已送呈總長，關於內容中航有六項意見，除三項係屬政府範圍外，其餘三項方面即與公司方面有關問題：

        （一）合約付價除由美方供給油料外，自定至昆每噸運費為美金六百元。

        （二）十月底前之運費照前定辦法計算，十一月起照新辦法計算。

        （三）中航公司今後在中印間只有客運機三架，不敷營運業務，請由美方增撥運輸機若干（主席提示關於訂約詳細經過，應請中航公司正式函告運輸統制局）。

    2. 關於中航機運資帳單，八、九、十各月份均已先後送出，共計國幣八百八十六萬五千六百七十二元，十一月份者亦可於最近造送。

    3. 本公司運輸機曾損失兩架，一被焚毀，一係失蹤，最近已得美方撥到兩架補充，共計仍為十三架。

乙、 討論決定事項

（一）交通司十一月艷代電請收現在卡拉蚩胎鍊五十箱重約五六四九四磅優先轉運狄布魯加本司空運噸位內運至昆明案

決議：

此項胎鍊既屬西北方面所需，將來可由土西鐵路連同車輪配胎運入。

（二）交通司許代表提議本司現存卡拉蚩真空管十八
　　　箱約重一噸此物不宜長途顛簸擬請沈總代表洽
　　　由美軍空運至定疆轉運至昆案

決議：

電沈總代表洽辦，如空運困難，可交鐵路方面保險運送。

（三）西康省政府來電續請將存印水力發電空運至
　　　昆案

決議：

函復目前軍品待運甚急，該項機件仍暫無法配運。

（四）軍委會國際問題研究所請由中航公司每週空運
　　　公物三十公斤來渝案

決議：

轉函中航公司在客機空餘噸位中酌運。

（五）中航公司提議本公司飛機汽油及機油均將告罄
　　　擬請在十二月份空運三十噸以便運輸案

決議：

准在十二月份以軍需物品百分之二（約六噸）——及總
運量達成 350 時額外配給之鈔券三十噸中減讓十噸，交
部器材十噸中減讓五噸，另將配餘之八噸，共約二十九
噸，統運中航機用油，電知周區代表。

物資內運優先管制委員會
第三十次會議紀錄

日期　民國 31 年 12 月 15 日下午 2 時半

地點　軍政部會議廳

出席　龔學遂　　　　　　沈克非

　　　童季齡（閻子素代）　陳　璞

　　　王承黻（高大經代）　蔣易均　王景錄

　　　俞大維（楊繼曾代）

列席　李法端（楊德華代）　華壽嵩（交通司）

　　　王立貴　　　　　　應家秉

　　　程威廉　　　　　　陳菊如

主席　龔學遂

紀錄　徐允鷔

甲、報告事項

一、主席報告

　　1. 上次會議經過（略）。

　　2. 十一月份中航機內運噸位中，美軍用汽油佔十
　　　　六噸。

　　3. 周區代表亥虞代電報告，美軍汽車油自奉到本
　　　　局哿電後，未交中航續運。

　　4. 關於前次優先會決定，英國大使館交由中航客機
　　　　帶運之影片，應查明須與抗戰有關者方可內運
　　　　（主席指示應函在知中宣部轉飭駐印人員檢查）。

二、中航公司高主任報告

關於上次會議紀錄本席報告第一點請略加改正如
下，「美軍部包用中航機合約聞已送呈總長，關於
內容中航有六項意見，三項係屬政府範圍者，其
餘三項即與公司方面有關問題」。

乙、討論決定事項

（一）交通部王司長提議關於上會議請由卡拉蚩內運
　　　之胎鍊用在昆明方面有 293 輛卡車開往西北需
　　　要此鍊配備故仍須酌交空運應用案

決議：

請王司長先查明該項胎鍊每箱究有若干再議。

（二）航委會來函為奉總長批示空運及兼顧中美空運
　　　之補給案中各項請予分別辦理案

決議：

（1）一項關於空運到昆明物資，可責成滇緬局空運站隨
　　　時運存各該機關倉庫，不得堆集機場，以免美軍藉
　　　口提用，但亦不必另組「接收物資委員會」，免
　　　致手續紛歧。

（2）二項關於空運入境物資隨到隨運，早經飭由滇緬
　　　局照辦。

（3）三項須在十二月份及明年一月份空軍補給，應每
　　　月增至百噸一節，除十二月份業經配定外，一月
　　　份之噸位須視本月份空運情況如何，在下次分配
　　　時再定。

（三）沈總代表十二月東代電關於印西卡拉蚩東運狄
　　　不魯加之物資轉運程序擬具辦法三項請核示案

決議：

除第二項開送物資請單問題，如各機關無代表在印者，
悉由本局轉送，如有代表在印，則可由各該代表呈送沈
總代表，以資簡捷外，其餘均可依照擬定辦法辦理。

（四）財政部來電關於川康局已到孟買之鋼繩請仍從
　　　速指撥空運噸位內運案

決議：

可電沈總代表交涉先將該項鋼繩運至定疆後再酌撥噸位
內運。

（五）中航公司提請准以 C47 類機一架由加經渝－
　　　寶－蘭再由經渝返昆回加一次在所經各地分別
　　　載卸機件汽油等返程時免費搭乘我國及同盟國
　　　軍政要人縱有空位絕對不許搭載上述以外之人
　　　員或商貨案

決議：

可照辦並電知周區代表及中航公司。

（六）交通司王司長提關於配件委員會分配本司之空運
　　　配件其運費應在中航公司週轉金內併案撥扣案

決議：

關於配件委員會分配與交通司之空運配件，應請該會轉
知潘代表分列清單，以便結算運費。

（七）王組長立貴提議關於中航公司所送帳單，如軍
　　　醫署及紅十字會並列一單，無法結算轉帳。

決議：

凡須付現之運費帳單，均應分列請中航公司照辦。

（八）中航公司提關於利用回空載運出國部隊之運費
　　　如何請領案

決議：

可由中航公司函局轉請軍政部核發。

物資內運優先管制委員會
第三十一次會議紀錄

日期　民國 31 年 12 月 22 日下午 2 時半

地點　軍政部會議廳

出席　龔學遂　　　　　　　　俞大維（楊繼曾代）

　　　王景錄　　　　　　　　潘光迴

　　　童季齡（閻子素代）　　蔣易均

　　　沈克非　　　　　　　　陳　璞

　　　曾　桐（航委會代表）　王承黻（高大經代）

列席　應家秉　　　　　　　　程威廉

　　　許詒勳　　　　　　　　陳菊如

主席　龔學遂

紀錄　徐允鰲

甲、報告事項

主席報告

1. 上次會議經過（略）。

2. 周區代表亥文電報告美將撥我方大兩發動機運輸六十
   二架，約三月到齊，十二月先到十二架，今後每月運
   量畢塞爾將軍估計，十二月 1200 噸，至三月 2000 噸，
   惠勒將軍估計到十二月 2100 噸，三月 3500 噸。

3. 衛生署沈副署長函復關於奉派調查中國紅十字會內
   運藥品被海關扣留案抄同附件送請查照案（俟詳細
   核明另案報告）。

乙、討論決定事項

一、關於中航機明年一月份運量估計仍約三百至三百
　　五十噸應規定內運噸位案

決議：

1. 三百噸仍照原定比率實施，其他項下百分之四（即
　十二噸）配給英大使館新聞處公物兩噸及西康省政
　府水力發電機三噸。

2. 總運量能達三百五十噸時，增運鈔券二十噸，航空
　器材十噸，交部器材五噸。

3. 以上兩項配餘之二十二噸，及以軍需物品百分之二
　（即六噸），並由衛生署部份藥品讓出兩噸，共計
　三十噸，統運中航機用汽油及機油。

　（衛生署沈副署長聲明本署讓出之兩噸仍須在下次
　補足。）

二、交通部潘參事提中航機用油噸位亦有本部讓出部
　　份以後亦須補足案

三、兵工署楊司長提以後規定中航噸位似仍以整個支
　　配為宜以免臨時撥讓反為爭執案

四、中航公司高主任提此後本公司運量已受統制故不
　　能自由帶運用油必須每月明定噸位案

決議：

以後規定時，關於中航用油可專列部門，如有超過標準
以外之噸位，則仍勻給各機關。

五、軍需署來函為本署所購物資尚未交齊既經議定之
　　空運噸位請求保留案

決議：

函復十二月及一月之噸位已讓給中航機自用汽油，此後
可俟物資到齊，當再配噸位。

六、液體燃料管理委員會來函擬在印度價購溫度表及
　　比重表各四百支請准優先航運案

決議：

可俟購到後適洽中航公司利用客機空餘噸位內運。

七、教育部來函在美訂購圖書儀器現已抵印者約二百
　　箱請准予支配航運來渝案

決議：

函復查明重量（公噸）再議。

八、軍醫署提軍醫學校有洋菜等藥品八種約八十二磅可
　　否准予洽由中航客機帶運案

決議：

照辦。

九、交通司王司長報告本司請運之胎鍊經查明每箱十
　　副至少空運二十五箱應用案

決議：

可電沈總代表士華先由卡拉蚩運到定疆後，再在所得噸
位中運入。

物資內運優先管制委員會
第三十二次會議紀錄

日期　民國 31 年 12 月 29 日下午 2 時半

地點　軍政部會議廳

出席　童季齡（閻子素代）　蔣易均

　　　陳　璞（潘　經代）　沈克非

　　　曾　桐　　　　　　　王承黻（高大經代）

　　　龔學遂　　　　　　　王景錄

列席　許詒勳　　　　　　　陳菊如

　　　程威廉　　　　　　　應家秉

主席　俞副主任

紀錄　徐介鰲

甲、報告事項

一、主席報告

　　1. 上次會議經過。

　　2. 十二月一日至十九日空運噸位，計美機共飛二〇
　　　五次，載運物資四五五・八五八噸，中航機共飛
　　　一一三次，載運物資一七一・八五三噸（此項數
　　　字與美機比較不甚確實，應再詳查改正）。

　　3. 運輸統制局裁併以後，關於物資內運優先管制
　　　委員會仍照原定日期時間及地點陸續開會。

　　4. 據滇緬公路運輸亥敬（十二月二十四日）電報
　　　告，美方通知羊街機場（位於楊林北二十餘公
　　　里，離昆明七十餘公里）即將完工，嗣完工後，

空運到滇物資在昆明、羊街兩地卸貨（應飭該
局查明關於新闢機場方面配備若干員工、倉
庫、設備與噸位如何，接運車輛若干，報局
憑核）。

5. 據沈總代表查報，印境西岸至東岸鐵路運量月達
三千五百噸，水路運量並無一定，但如我方月須
千噸，似無問題。

（我方在印境運輸物資以實際需要適宜配合為
原則，不必固定比率或噸位。）

二、中航公司高代表報告關於各機關運資帳單展轉延
誤迄未發還，以致不能扣收運費情形（略）。

乙、主席提示事項

一、中航公司運資帳單應由各機關從速核明送還，以
便轉帳報銷，否則必須付現，不宜墊撥週轉金，
此事並由財務處查明速辦。

二、中航機需用油料，應請該公司詳細核計，以便統
籌支配噸位。

三、交通司所需鐵鍊體積甚種，恐無法空運，應改由
土西鐵路開運後，第一批運送車輛時配備運入。

丙、討論決定事項

一、中央廣播事業管理處請每月配運廣播器材噸位案

決議：

如一月中航機運量超能在 350 噸以上，可先配運兩噸，
此後再行酌辦。

二、航委會軍政廳檢送衛生器材清單請儘速洽運案

決議：

可在應得噸位中自行洽運。

三、汽車配件委員會請支配一月份噸位案

決議：

暫在交通部一月份所得比率中酌予搭運，以後再行調整。

四、軍令部請將美租案中所撥通信器材十一噸半優先
　　空運案

決議：

於明年二、三兩月內在中航機其他項下分次運入。

一九四三年紀錄

軍事委員會運輸會議物資內運優先管制會議第一次會議紀錄

日期　民國 32 年 1 月 12 日下午 2 時 30 分

地點　軍政部會議廳

出席　錢大鈞　　　　　　　項雄霄

　　　潘光迴　　　　　　　曾　桐

　　　童季齡（閻子素代）　沈克非

　　　應家秉　　　　　　　蔣易均

　　　俞大維（楊繼曾代）　陳菊如

　　　王承黻（高大經代）　陳　璞

　　　湯德華　　　　　　　王景錄（許詒勳代）

　　　徐允鰲

列席　陳　良　　　　　　　王立貴

　　　程威廉　　　　　　　王潤生

主席　錢大鈞

紀錄　徐允鰲

甲、報告事項

主席報告

一、運輸統制局裁撤後，在軍事委員會下組設運輸會議，除國際及公商運輸由交通部辦理，軍運由後方勤務部辦理外，運輸會議係專負督導、考核、審議、聯繫以及物資內運之管制等工作，原有之物資內運優先管制委員會仍照既定成規繼續按期開會。

二、宣讀三十二次優先管制會議紀錄。

三、密。

四、據周代表亥感（十二月二十七日）電報告美軍部停運銅線、藥品、汽車另件情形。

五、駐印東區代表辦公處第十一次會議紀錄要點有十二月份空運運量，美軍機 1,111 公噸，中航機 374 公噸。

六、駐印西區代表辦公處十二月十七召集駐卡各機關代表談話會紀錄（略）。

七、奉委座亥艷侍秦代電抄發關於印度政府徵用境內物資情形情報一件。

乙、 討論決定事項

一、財務處王組長立貴提議關於中航機運資帳單截至十一月底止共應支撥運費九百六十餘萬元十二月份尚未送來所有向財政部墊撥之週轉金壹仟萬元亟應結束但運輸統制局裁撤可否移歸運輸會議辦理請公決案

決議：

1. 十二月份帳單應請中航公司趕速造報。

2. 截至十二月底止如有未了手續或不敷墊撥之數，仍由財務處負責清理。

3. 自本年一月份起運費帳單應由中航公司改送交通部核辦。

4. 今後運輸會議對於中航機運輸物資只負核配噸位及管制之責，不管運費之審核，但如必需續撥週轉金，可由本會議分函交通部、財政部核辦，一面由

出席優先會財政部代表向主管方面洽辦。

二、孔副院長致函總長請對內運鈔券增撥噸位案

三、軍需署函請趕運夏服一千一百噸及於一月底前內
運細布四百五拾噸案

決議：

1. 中航機運量如在一月份超過三百五十噸以上，均運
鈔券。

2. 二月份超過三百噸以上，均運軍需服裝。

四、重慶電力公司請將在印電力器材十餘噸仍予核撥
空運噸位內運案

決議：

抄同詳單函請經濟部在所得生產器材噸位中酌核內運。

五、周區代表來電關於永利化學公司未運之鋼繩四噸
二可否准在一月份內運其運費可否記帳案

決議：

如本月份已撥噸位而不及趕到者，可撥運該項鋼繩，運
費付現。

六、周區代表來電請示關於中航客機空餘噸位利用帶
運兵署紫銅鋅塊案

決議：

中航客機空餘噸位如經優先管制會議核准洽運之物，可
准儘先洽運，如無前項物件可運時，則運紫銅鋅塊，
運費可照洽定運率在週轉金內扣付，但此外物資仍應
付現。

七、上川實業公司請將向美新購之重要機件說明書准
　　予空運案

決議：

可洽中航機客運空餘噸位內運。

八、沈總代表來電稱印政府醫藥服務所由英國收到藥品
　　490 箱及好立克奶粉 75 筐共估計百餘噸係供英國
　　駐中國紅十字會附屬各院所需請撥空運噸位案

決議：

先將詳單寄渝再核。

九、程專員威廉提關於現時美機內運之飛機油悉供美
　　空軍所用應否向美方交涉另撥航委會運油噸位案

決議：

請航委會先向史迪威將軍洽明再議。

十、中航公司高主任大經提議：

　　1. 利用回空機運送出國部隊，中間有英美軍人在
　　　 內，其運費應如何請領。

　　2. 內運機載運美國陸軍物品之運費應如何結算。

　　3. 加定間美軍部使用本公司運輸機之運費應如何
　　　 交涉。

決議：

1. 項由中航公司專案呈請軍政部核辦。

2. 項由應專員家秉先向美方非正式洽談。

3. 項可暫記帳。

軍事委員會運輸會議物資內運優先管制會議第二次會議紀錄

日期　民國 32 年 1 月 19 日下午 2 時半

地點　軍政部會議廳

出席　錢大鈞　項雄霄　　曾　桐　陳　璞

　　　童季齡（閻子素代）　湯德華　蔣易均　沈克非

　　　王承黻（高大經代）　王景錄　俞大維（楊繼曾代）

　　　應家秉　程威廉　　王潤生　許詒勳　徐允鰲

主席　錢大鈞

紀錄　徐允鰲

甲、 報告事項

一、主席報告

1. 宣讀上次會議紀錄。

2. 中航機一月份上旬內運物資，計運輸機一〇二六四一公斤，客機七三七公斤，共為一〇三噸三七八公斤。

二、中航公司高主任報告

1. 上年十二月份運資帳單可於本日送達。

2. 關於上次會議續請撥款一千萬元週轉金案，擬請財部代表報告經過。

3. PE58 運輸機今晨在昆明起飛時損壞，原因待查。

三、財政部閻代表報告

關於遵向國庫局接洽中航運費週轉金案情形：

1. 如須續撥週轉金可請總長致函孔副院長核辦。

> 2. 為免手續繁複似可由中航公司直接向各機關核
> 算收現。

四、應專員報告報告奉派向美國軍事代表團洽詢中航
機代運美軍物品運費問題，據答此事渝方不知可
由中航在昆逕洽供應部收取。

乙、討論決定事項

一、關於美軍機回程返印可義務裝運我國出口物資案

決議：

函出口物資機關，如資委會、貿委會等迅速準備出口物
資，利用回程空機運出。

二、俞部長來函據文通司報告存印英港貨料處理問題癥
結所在全為清付存倉延期費應如何交涉解決案

決議：

函沈總代表辦理。

三、黔桂鐵路工程局有存印急料一七九〇公斤請核撥
噸位案

決議：

請由交通部在所得比率中酌核配運。

四、空軍學校中江大學合辦無線電通訊訓練班有印購
通訊器二十公斤請核配噸位內運案

決議：

可逕洽中航客機帶運。

五、軍醫署提藥品器材停運應否派員向美方詢明用意案

決議：

1. 再電周區代表問明現在情形。

2. 由應專員赴美代表團查詢原因再議。

六、祕書處提關於各機關須提優先管制會議訂案之案
件嗣後擬請勿用普通公文格式應一律作成提案除
於每星期五以前逕送本會議先事整理外並同時抄
交該提案機關出席代表一份俾便諮詢案

決議：

通過。

七、中航公司提關於本公司經常支出部份多數均須以
美金及羅比交付自上年八月至目前止所墊外幣為
數甚鉅擬根據第十六次優先會議決議在前撥或續
撥之週轉金內有保留在運費金額項下得隨時申請
結購外匯之權案

決議：

可照前次決議保留。

八、中航公司提請在標準運量外增配運油噸位案

決議：

請航委會研究提出下次會議再核。

九、中航公司提運鈔來渝回程空機已洽定載運豬鬃出
口案

決議：

通過。

十、中航運費週轉金究應如何辦理案

決議：

用總長名義函孔副院長核撥。

軍事委員會運輸會議物資內運優先管制會議第三次會議紀錄

日期　民國 32 年 1 月 26 日下午 2 時 30 分

地點　軍政部會議廳

出席　錢大均　　　　　　　　項雄霄

　　　沈克非　　　　　　　　蔣易均

　　　童季齡（閻子素代）　　楊繼曾

　　　段景祿　　　　　　　　潘光迴

　　　湯德華　　　　　　　　王承黻（高大經代）

　　　裴維塋（航委會新派代表）

　　　王景錄　　　　　　　　陳　璞

　　　應家秉　　　　　　　　程威廉

　　　盛祖鈞

列席　金士宣（交通部）　　　錢其琛（交通部）

　　　許詒勳

主席　錢大鈞

紀錄　徐允鷔

甲、報告事項

一、主席報告

　　1. 上次會議經過（略）。

　　2. 周區代表賢頌子巧（一月十八日）電報告，截至本月十五日止，中航機運量共二〇二噸，計兵工署（29.6）、鈔券（62.4）、交通司（22.2）、航委會（32.1）、資委會（14.6）、交通部（17.2）、

中航公司（16.3）、西康省府（3.6）、配委會
（2.9）、英國大使館（1.9）。

3. 周區代表賢頌子篠（一月十七日）電報告，鈔券
部份本月份可照規定運足。

二、應專員家秉報告

奉派赴美國軍事代表團洽詢停運藥品情形，經詢
據該團葛祿敏上校答稱，目前待運之緊急軍品太
多，而國內藥品存量尚夥，如有特殊用途必須補
充之品類，則可開列清單，請由總長致函史迪威
將軍核辦。

三、沈副署長克非報告

嗣後美方欲停運任何物品，應先徵得我方同意，
以免妨礙供應。

主席指示：

可去函交涉。

四、中航公司高主任大經報告

本月份截至二十二日止，已運各項物資約三百二
十噸，擬即開運定額以外之鈔券來渝，惟上次所
提利用是項回空機裝運豬鬃出口，據史迪威將軍表
示不能同意。

主席指示：

本會只負內運物資之管制，其如利用回空載運出口物
品，可由該管物資機關逕行洽辦。

五、交通部金參事士宣錢幫辦其琛先後報告

交通通訊器材，國內存量缺乏，亟須補充情形（略）。

乙、 討論決定事項

一、兵工署提議關於印昆空運材料月中所得數量互有
　　差異應由昆明接轉站於每批物資抵昆後用通知單
　　分送各該物資機關以便查考案

決議：

先由主管部份洽商後再議。

二、二月份中航機內運百分比率其他項下百分之四（即
　　十二噸）應如何支配案

決議：

1. 英國大使館新聞處公物壹噸
2. 中央廣播事業管理處廣播器材一噸
3. 財政部鹽務總局汲滷鋼繩三噸
4. 交通部器材（包括汽車配件）七噸

三、交通部提議請對中航機內運百分比率中所定本部
　　與交通司噸位予以平均分配案

決議：

應與交通司商妥後，俟下次規定時再作調整。

四、交通部提議關於前請內運入緬所需銅鐵線料並連
　　同鐵路配件共 228 噸與史迪威將軍答復者用途不一
　　仍請交涉案

決議：

請示總長後再行交涉。

五、川康毛織公司請將購存加耳各答之顏料一批（約兩
　　噸）准予內運案

決議：

轉送經濟部核辦。

六、教育部請將美購教育器材圖書等項准予月撥噸位
　　內運案

決議：

除已到定疆之八十五噸可先逕洽中航公司利用客機帶運
外，餘俟集中後再行酌辦。

七、中航公司用油究應如何核配噸位案

決議：

除內地飛行所需者可予配運外，其如印昆間來回程油
料，應由中航公司詳密研究帶油辦法後再議。

八、交通司王司長提本司有現存卡拉齊之真空管約
　　1112磅須用甚急擬請電飭沈總代表項美供應部提
　　取內運案

決議：

照辦。

九、衛生署沈副署長提議關於本處一月份內讓給中航
　　公司運油噸位兩噸應請查照該次決議設法在二月
　　份補還案

決議：

1. 在二月份如遇有不及趕到之部份得運該署藥品。

2. 由中航公司在客機空餘噸位內設法補足。

交通部公路總局國際運輸委員會
第一次會議紀錄

日期　民國 32 年 2 月 3 日下午 3 時

地點　上清寺本局

出席　曾養甫

　　　王景錄（軍政部）

　　　楊繼曾（兵工署）（周其棠代）

　　　葆　毅（外交部）

　　　吳兆洪（經濟部）

　　　陳　序（後勤部）

　　　石邦藩（航委會）（段景祥代）

　　　陳長桐（國防供應公司）

　　　王承黻（中航公司）

　　　溫應星（交通部）

　　　陳逸凡

　　　龔學遂

　　　汪英賓

主席　曾部長

主席：

　　　奉委座之命，以國際運輸為重要，交由本部公路總局負責推進，故成立本會，其工作為業務推進，一切國際運輸業務即由本會核議決定，不能決定者再呈總長決定。本會為業務聯繫執行機關，關於政策指導則有運輸會議，現請陳副局長任主任委員，組織規程即請諸位

委員研究。（原草案除第三條修正增加後方勤務部及中國航空公司外，餘均通過附規程。）宋部長表示將來國際運輸交本部辦理，本會須能代上峰多負責任。國際新路線除定疆至昆明（將來改至宜賓或重慶）外，西北路線請陳委員長桐報告。

陳委員長桐：

國際新路線長達數千里，除運輸困難外，最困難者為外交問題，宋部長曾在渝召各國代表開會，英美方面均肯協助，蘇方無正式肯定表示。一月三十日華盛頓消息，蘇聯通知英方同意受伊朗經蘇運華物資，駐蘇劉代辦則於一月三十日來電謂「蘇方表示此線組織能否實行尚成問題，須俟傅大使來後詳細討論」。現對蘇交涉由胡次長接洽中，現有五百噸物資試運經蘇入疆，決定先裝出，已電駐印沈代表照辦。今日卡拉其國防供應公司來電稱，「有一百七十噸已裝上車皮待運」，劉代辦亦另電謂「如運至邊境不能通過，可在邊境暫存」。現此線運輸頗有希望，問題在：（一）我方運蘇物資須以貨易貨，（二）蘇對日尚有顧忌。

主席：

以貨易貨問題，資會礦產、中茶公司茶葉全年共有一萬五千噸，尚感不足，又南疆路線將來如能打通，公路亦可開闢，空運方面美國新來 C-87 可裝六噸油、六噸貨。

陳委員長桐：

　　最近李公使報告，察希丹已運到物資五千噸，是
UKCC 運去的。

龔委員學遂：

　　恐係錯誤，須一查。

主席：

　　將來各種物資情形，各機關可在本會取得聯繫，
國際運輸萬不可耽擱，須迅速、確實、便利。

吳委員兆洪：

　　本年與俄易貨為六千噸，由江西運出經貴陽，一
部運昆裝機，一部經渝赴西北，筑渝運量一月已差二、
三百噸，須設法加強，而最困難者則為金城江至筑一
段，如每月能加七、八百噸，則西南、西北礦品之出口
均無問題。

主席：

　　現交部車輛不夠，一方面擬請交司車輛改駛該線，
一方湘桂鐵路擬延長。

王委員景錄：

　　本司貨物多係北運，與鎢為同一方向，故均感困難。

吳委員兆洪：

　　現昆明空運每月一千五百噸，內五百噸為滇省所產之錫，此外一千噸鎢須由贛運滇，故感困難，現美大使來函要求運銻赴美，則須由湘西運昆。

王委員承黻：

　　關於國際空運情形，中航公司現有機十五架，如另件不缺，月可運六百五十噸，現一月份約運四百噸，因難在於缺乏另件，飛行員不成問題，將來逕飛宜賓，須改用高空發動機，俾不致為天氣所阻，又如能將汽油運至中蘇邊境，則可派機前往接運，可免蘇聯飛機逕飛迪化、哈密。

葆委員毅：

　　中蘇空運原有協定，須我方能維持渝哈航線，現歐亞公司飛機太少，正擬由航委會派機航行該線

散會。

軍事委員會運輸會議物資內運優先管制會議第四次會議紀錄

日期　民國 32 年 2 月 9 日下午 2 時 30 分

地點　軍政部會議廳

出席　錢大均　項雄霄　　潘光迥

　　　周其棠　楊繼曾　　王景錄

　　　童季齡（閻子素代）蔣易均

　　　高大經　裴維瑩　　金士宣

　　　盛祖鈞　陳菊如　　徐允鷟

列席　應家秉　段景祿　　程威廉

主席　錢大鈞

紀錄　徐允鷟

甲、報告事項

一、主席報告

　　1. 上星期二因須籌開運輸會議，停止一次。

　　2. 宣讀第三次會議紀錄。

　　3. 一月份中航機內運物資共計四四三噸又四一七公斤，其中公司所用汽油計三十二噸又五二〇公斤，零星物件一噸又八八五公斤，實運政府物資四〇九噸又十二公斤（此項數字根據中航公司高主任報告）。

　　4. 關於三月份中航機內運物資百分比率，提出上星三（二月三日）運輸會議決定，仍以三百噸為標準，照原規定實施，惟將其中交通通訊器

材依照六與四之比率改為交通司佔百分之九，交部佔百分之六，至如超過三百噸以上之數，仍運軍需夏服。

5. 據周區代表賢頌子諫電報告，醫藥部份在二月份可開運。

6. 交通部公路總局提請報告，轉據滇緬公路運輸局檢送各機關設置楊林庫聯合辦事處會議紀錄。

乙、 討論決定事項

一、兵工署楊司長提議本署在三月以後大量需要彈藥應請在四月份起增配內運噸位案

決議：

俟三月份檢討運量時再議。

二、液體燃料管理委員會提議關於國內所需潤滑油九・八八〇公噸（航委會尚不在內）數量較大應如何配備內運及預行訂購之處請公決案

決議：

此項油料既係各機關所需，可於購到代運時即在各該機關所得噸位內自行配運，至此項油料之訂購手續可先進行。

三、軍事委員會辦公廳來函據回國僑民事業輔導委員會電請由中航機配運皮革廠機件兩噸請核辦逕復案

決議：

逕向經濟部洽辦。

四、英大使館函請在加耳谷達之無線電配件十七八小
　　箱約半噸請設法內運案

決議：

可在該館新聞處所得噸位內自行配運，如二月份不能運
足，則三月份再撥。

五、中航公司遵照上次決議案檢送國內航站每月需油
　　預算表務請如數核准內運案

決議：

二月份運量超過三百噸以上，運軍需服裝，如能超過四
一〇噸以上，則運中航汽油，至此油運昆、運渝可由該
公司自行決定。

六、應專員家秉報告關於交通部所需內運通訊器材
　　186-202 噸位及鐵路材料 26 噸案，遵向美軍供應
　　部及交通部洽詢情形（另具書面報告）。

決議：

分別通知洽辦。

七、中央廣播事業管理處關於廣播器材請於三月份內
　　至少配運五噸案

決議：

討論三月份超過噸位時再議。

八、財政部鹽務總局電請核配鋼繩噸位案

決議：

將業經分配情形照復。

九、交通部公路總局陳專員及中航公司高主任分別報
　　告，關於兵工署提案印昆航運物資所得報告數字
　　互有差別，應予設法改善俾求相符一案，經予研討
　　結果情形。

決議：

以後物資機關如遇不符情形時，可逕向交通部公路局
查帳。

十、兵工署楊司長提議：

　　（1）空運站改設宜賓問題現在究否繼續進行案
　　（2）空運到昆物資仍不易轉運內地關於本署在百
　　　　分比率中所得汽車汽油十五噸寧可不再附運
　　　　希望能將物資由印逕運宜賓或重慶案

決議：

（1）請航委會代表查明宜賓機場設備情形。
（2）請中航公司查明最近準備工作，均須於下次會議
　　　提出報告後再議。

軍事委員會運輸會議物資內運優先管制會議第五次會議紀錄

日期　民國 32 年 2 月 16 日下午 2 時半

地點　軍政部會議廳

出席　錢大鈞　　　　　　項雄霄

　　　潘光迥　　　　　　陳菊如

　　　蔣易均　　　　　　汪英賓

　　　沈克非　　　　　　周其棠

　　　童季齡（閻子素代）　王承黻（高大經代）

　　　楊繼曾　　　　　　王景錄

　　　金士宣　　　　　　陳　璞

　　　盛祖鈞　　　　　　徐允鰲

主席　錢大鈞

紀錄　徐允鰲

甲、 報告事項

一、主席報告

（1）宣讀第四次會議紀錄。

（2）關於由印空運物資改飛宜賓問題，美軍機似不可能，希望中航公司方面能積極計劃，及早實現。

二、中航公司高主任大經報告

（1）本公司第 46 號 DC-3 客機於本月十三日由重慶飛昆途中，在江津附近之長江水面失事及設法撈救經過（略）。

（2）中航機二月一日至十四日止，內運物資已達
二百八十噸又二百十四公斤，依照現在狀況核
計，本月份當可超出四百公噸，其運量增加之
最大原因，由於損壞之飛機大半業已修復應
用之故，深恐下月份未能達到如此之成績。

（3）關於空運物資改飛宜賓問題，本公司以前曾
有詳細之報告送呈運統局，容再抄送察核。

三、航委會段專員景祿報告關於宜賓機場設備情形，
現正詳查中。

乙、 討論決定事項

一、關於孔部長簽呈委座為據川康鹽局呈報汲滷鋼繩
僅能用至三月底請將運抵印境之鋼繩於二月份先
行運入五十噸此後按月配運八噸以維鹽產案

決議：

在二月份中航運量超過四百噸以上之噸位內撥運十噸，
其餘超過運量先運中航汽油。

二、關於三月份中航機內運噸位應如何支配以便實施案

決議：

一、仍以三百噸為基準，照原定比率施行，惟將其中
交通通訊器材 15% 依照第一次運輸會議決定改為
交通司 9%、交通部 6%，並以軍需物品 2%（即六
噸）暫改運鹽務總局鋼繩。

二、前項原比率其他部份 4%（十二噸）分配如下：

（1）交通部器材（包括汽車配件）七噸

（2）中央廣播事業處廣播器材三噸半

（3）英大使館新聞處公物（連同續請撥運之無線
電配件半噸）一噸半

三、超過三百噸以上至四百噸之噸位，悉運軍需服裝。

四、超過四百噸以上時，除四百噸照前項辦理外，依
照下列順序配運各機關物資：

（1）財政部（屬於四行鈔券、鹽務總局鋼繩，以及
永利化學公司鋼繩四噸二包括在內） 20 噸

（2）交通部通訊器材及汽車配件 20 噸

（3）兵工署彈藥及其他原料 20 噸

（4）交通司交通通訊器材及配件 20 噸

（5）航委會飛機零件及其他材料 20 噸

（6）衛生署、軍醫署醫藥及其器材 共 10 噸

（7）經濟部生產器材 10 噸

五、除以上七項共一百二十噸外，能再超過時則運中航
汽油。

三、交通司王司長兵工署楊司長衛生署沈副署長等提
議關於支配空運噸位仍應以整個規定百分比率為
原則俾求公允案

決議：

可於四月份起照此原則調整實施。

中央各機關駐印代表臨時會議紀錄

日期　民國 32 年 2 月 16 日下午 3 時

地點　加爾各答本處會議廳

出席　陳長桐（國防供應公司）

　　　梁敬釗（中航公司）

　　　柯　俊（工礦調整處）

　　　沈祖同（萬少斌代）（中信局）

　　　徐蔭棠（衛生署）

　　　周孟庵（永利公司）

　　　王鑑賢（復興公司）

　　　陸世榮（配件製造廠）

　　　鄭方珩（交通司）

　　　方兆鎬（譚錫光代）（兵工署）

　　　李　薯（中央銀行）

　　　李直夫（軍需署）

　　　雲　鐸（航委會）

　　　夏憲講（資委會）

　　　Captain White（美供應部）

　　　Mr. R. Grimshaw（福公司）

　　　周賢頌

　　　陳幹青

主席　周賢頌

報告事項

一、一月份中航及美軍機內運噸數

二、卅一年四月至本年一月空運統計

三、狄區現有飛機及機場概況

四、美案物資移交美軍情形

五、英案物資移交福公司情形

六、美軍供應部運儲物資表報問題

討論事項

甲、關於加爾各答至昆明中航機內運問題

　　衛德上尉：

　　（一）所有優先內運物資清單請東區處集中彙
　　　　　辦，此外不便接受。

　　（二）交運箱件必須狀態完整，箱記明瞭。

　　（三）裝機箱件萬勿超過規定尺寸或重量。

　　主席：

　　（一）內運清單依照狄區辦法，逢一、十一、廿一
　　　　　送交美軍。

　　（二）第一次清單請各代表於十七日以前送本處以
　　　　　憑彙辦，單內註明箱記、重量及所在地點。

　　（三）倘在加待運物資過多，暫按狄區收到百分
　　　　　率分配。

　　（四）銀行鈔票由供應部指派飛機，由銀行自裝，
　　　　　此外物資一律由供應部裝機。

　　（五）英美案以外物資，各機關依照內運清單逕
　　　　　送供應部裝運。

（六）印購物資由各代表辦妥出口證後交運。

（七）美軍運單應送一份至東區處，又一份隨機
交昆明林站長。

乙、關於加爾各答－狄布魯加間火車及水運問題

衛德上尉：

亦請東區處送單辦理。

主席：

中航貨機由加出發者架數不多，只可作為緊急特
殊運輸之用，一般空運仍以定疆出發為主，加爾
各答－狄布魯加間則請儘量利用鐵道及河運，如
在加各機關有成批物資常川運狄，可請由供應部
援美軍例與鐵路局洽掛定期另擔整車當亦可靠。

軍事委員會運輸會議物資內運優先管制會議第六次會議紀錄

日期　民國 32 年 2 月 23 日下午 3 時

地點　軍政部會議廳

出席　項雄霄　沈克非　陳菊如　楊繼曾

　　　楊傳久（航空委員會新派代表）

　　　汪英賓　蔣易均　潘光迴　周其棠

　　　盛祖均　徐允鼇　王承黻（高大經代）

　　　王景錄

列席　王潤生　程威廉

主席　項雄霄

紀錄　徐允鼇

甲、報告事項

（一）主席報告

　　　1. 今日錢祕書長因公出不能出席，此次會議可改作談話方式。

　　　2. 宣讀第五次會議紀錄。

　　　3. 據周區代表馬電報告，截至本月二十日止，中航機內運物資共計四二四噸，本月底可達五六○噸。

（二）中航公司高主任報告關於中印空運終點改移宜賓問題

　　　1. 抄送本年一月十一日致運統局答覆此案節略（密）。

2. 中航運輸機現有十五架，如另件不缺，月可運六百餘噸，過去未能達成此數即在於缺乏另件，將來如須改道宜賓，則需改用高空發動機，俾不致為天氣所阻。

（三）航委會楊委員傳久報告宜賓機場設備概況（密）

（四）潘參事光迴報告

甲、關於美軍部包用中航機之合約，已將正式簽訂，其在實施以後，我方似應注意下列兩點：

1. 關於物資內運優先順序，合約規定雖仍由我方主持，但能否照此實施似屬疑問，此後中航公司對於裝卸方面應有詳細之紀錄與報告。

2. 駐印總區代表亦應密切聯繫與充分之協助。

乙、美軍機運量雖商定雙方各半，但事實上並未與優先原則發生關係，此後我方亦應注意如下兩點：

1. 必須隨時明瞭其實施狀況。

2. 此後機數增加，能否達成我方之需要與實惠。

丙、在印物資之移用，雖亦商定辦法，但美方並未照辦，似應注意設法調整。

丁、土西鐵路假道問題滿望能照新德里議定情形實行，但截至現在，蘇方表示須待傅大使到任後再謀解決，致關於業電喀拉蚩運出之首批物資五百噸尚未能運到國內，應如何設法

催動。

（五）汪祕書英賓報告

　　1. 假道土西鐵路運送首批物資五百噸，據報實
　　　運一七五噸，現停滯於沙西丹。

　　2. 喀拉蚩方面請示是否續運，因上項整個問題
　　　未解決，無法答復。

乙、 討論決定事項

（一）關於美軍部包用中航機合約簽辦經過，擬函請
　　　交通部將全案抄送來會再行研討。

（二）空運終點改飛宜賓問題，因與合約所定路線不
　　　無有關，應併辦研討再簽呈核示。

（三）土西鐵路假道問題，請交通部公路總局將籌辦經
　　　過及目前狀況檢抄詳細案卷，再行研討推動。

（四）交通司王司長提關於本司存印乾電池等美方不
　　　准提運請再設法交涉案

決議：

除已函飭沈總代表交涉外，另再電催。

（五）中航公司高主任提關於請求財政部接續撥週轉
　　　金案

決議：

請中航方面來函辦理。

（六）財政部為轉據中央信託局印製處呈請印鈔器材
　　　之內運請照鈔券辦法由印逕運重慶案

決議：

在財政部鈔券器材噸位內自行分配辦理。

（七）中國毛織廠請將運抵加爾各答之英購紡織機件中
　　　擇其急要者約一〇噸又六一〇公斤准予優先內
　　　運案

決議：

由經濟部所得噸位內酌辦。

（八）兵工署電復二月份以後應運物資每月最低限度
　　　需要七二〇噸請早為籌劃案

決議：

1. 先電周區代表在美軍機已允三月份之運量，照所需
　 種類配備運入。

2. 中航方面在四月份調整比率再為酌辦。

軍事委員會運輸會議物資內運優先管制會議第七次會議紀錄

日期　民國 32 年 3 月 2 日下午 2 時半

地點　軍政部會議廳

出席　項雄霄　楊繼曾　　沈克非　陳　璞

　　　蔣易均　楊傳久　　陳菊如　潘光迴

　　　童季齡（閻子素代）　金士宣　汪英賓

　　　王承黻（高大經代）　王景錄（許詒勳代）

　　　周其棠　盛祖均　　徐允鰲

列席　程威廉

主席　項雄霄

紀錄　徐允鰲

甲、報告事項

一、主席報告

（1）宣讀第六次會議紀錄。

（2）中航機改飛宜賓問題，所需美軍部包用合約材料，希望交部速抄送，並應注意在實施後之管制權，一面應向美方交涉增撥航線至宜賓或重慶。

（3）土西鐵路假道案，除待蘇方正式表示外，恐別無他法推動，刻已簽呈委座核示。

二、中航公司高主任報告

（1）二月份中航機運量共為六四一噸又二五五公斤，雖經本會議決定准以四百噸以上之噸位

均運公司用油，但公司方面鑑於政府物資之重要，故僅運汽油一三七噸又一二〇公斤，實運政府物資達成五〇四噸又一三五公斤。

（2）運費周轉金請財政部代表催撥。

乙、 討論決定事項

一、軍事委員會調查統計局來函有購存印度電器材料多種請每月撥運五噸案

二、交通部來函關於軍令部存印電訊材料十一噸半前曾決定在二三兩月份由中航機其他項下分次運入但未實行應否設法補撥噸位內運案

決議：

以上兩案合併在三月份起，過四百噸以上，所增一二〇噸外，另增十噸分運調查統計局四噸、軍令部六噸。

三、經濟部來電為工礦調整處有紡織機件及製革器材約一噸現存加爾各答因需要迫急擬請准交中航客機內運案

決議：

在經濟部所得噸位內自行配運。

四、衛生署提請增撥醫藥噸位比例百分之十案

決議：

四月份調整時酌核。

五、交通司提請將本司到喀拉蚩收報機變壓器電鈴線
　　等項均屬國內急需之物請准提先轉運狄不魯加空
　　運昆明案

決議：

轉電西區代表洽辦。

軍事委員會運輸會議物資內運優先管制會議第八次會議紀錄

日期　民國 32 年 3 月 9 日下午 2 時半

地點　軍政部會議廳

出席　錢大均　　　　　　項雄霄

　　　楊繼曾　　　　　　金士宣

　　　蔣易均　　　　　　楊傳久

　　　潘光迴　　　　　　陳菊如

　　　王承黻（高大經代）　童季齡（閻子素代）

　　　汪英賓　　　　　　陳　璞

　　　沈克非　　　　　　徐允鰲

　　　王景錄

列席　程威廉　　　　　　許詒勳

主席　錢大鈞

紀錄　徐允鰲

甲、報告事項

一、主席報告

　　宣讀第七次會議紀錄。

二、中航公司高主任報告

　　（1）二月份超出四百噸以上之噸位，除去本公司
　　　　　用油外，增運政府物資計開：

　　　　　中央銀行鈔券　　　　　　　八噸八

　　　　　兵工材料　　　　　　　　　十五噸二

　　　　　交通司、航委會物料　共　十三噸五

交通司、航委會汽車配件　共　　二噸九

軍需署服裝　　　　　　　　五五噸二

軍醫署及英紅會　　　　　　十九噸一

以上共計　　　　　　　　　一一四噸七

（2）二月份截至七日為止，已運一五八噸八五五公斤，本月估計仍能以六百噸為基準。

乙、討論決定事項

一、行政院復軍委會函關於中航公司請撥週轉金案，據財政部呈復：

（1）前撥一千萬元，截至現在止所送帳單已逾年度各機關經費，類皆清結撥發，且其中尚有非財政部直接發款者，均無法扣抵，已由財政部函知交通部轉飭中航公司向各機關收回繳庫。

（2）續請撥發之壹千萬元，本年度並無預算可資墊撥，且目前運量尚屬有限，各機關應隨時付現。

決議：

1. 已墊者由中航公司分向各機關收繳。

2. 本年度起由各機關設法付現。

3. 帳單由中航公司分送交通部公路總局及各物資機關。

二、沈總代表二月二十一日呈請總長核示：

（1）國內各機關時有需用物資，令其駐印代表採購或託本署洽購者，品類複雜，數量零星，印府頗感麻煩，嗣後擬請指定某機關統一代辦，並先審查有無需要，再向印府洽購。

（2）各機關人員，尤以運輸方面人員，常有要求搭乘美國軍用飛機者，既影響內運噸位，且恐發生其他流弊，擬懇通令禁止搭乘軍用飛機。

（3）運輸行政現已統一，但各機關駐印代表時向華提出要求，與英、美兩方接洽，而所提辦法又往往與重慶方面之命令不合，因之無所率從，以後關於重要事項須與英、美方面接洽者，可否統由運輸會議決定後，再令照辦，以一事權。

（4）我國商人來印代政府工廠採購原料亦時增加，印度政府對於敷餘可出口之物資亦可發給出口證，但不明先後緩急，擬請政府指定負責機關在渝先行嚴格審查，發給證明，俾作向印府請求出口證之依據。

決議：

（1）（4）兩項請財政部代表查明已有辦法，報告本會核辦。

（2）項由運輸會議轉請軍委會通令嚴禁。

（3）項詞意含混，應電沈總代表查復後再行核辦。

三、擬定中航機內運物資調整百分比率案

決議：

1. 修正通過（如附表），並四月份起依照實施。

2. 其他項下 4%，先配運中航汽油 2%。

中國航運公司運輸機關運軍公物資百分比率表

程序	區分	百分比	說明
1	財政部及中央銀行物資	25%	包括中央銀行發行之各種鈔券、中央信託局之印鈔器材、鹽務總局之汲滷鋼繩，以及該部所屬各機關之其他急運物料
2	兵工器材	25%	屬於兵工署或其他各軍事機關部隊之各種兵工器材及成品
3	航空器材	10%	屬於航委會及其附屬機關之各種空軍器材或飛機由料
4	交通通訊器材	21%	屬於軍公所需各種交通通訊器材、汽車配件及其他物料，內分交通司佔 12%、交通部佔 9%
5	醫藥及其器材	6%	屬於軍公所需及國內外各慈善團體之醫藥及其器材，由軍醫署與衛生署各佔 3%
6	軍需物品	5%	屬於軍需署及其他各軍事機關或部隊之軍需被服及其用品
7	經濟部物資	4%	包括該部所屬各會處、各工廠，以及其他公營各生產工業機關之各種工業生產器材及其原料
8	其他	4%	屬於無法歸納內於上列各項並不需要規定經常噸位之各種急要物資
	合計	100%	

附記

1. 本表經於三十二年三月九日第八次物資內運優先管制會議重行調整，並呈奉參謀總長核准自四月份起實行，前定百分比率同時廢止。

2. 此後不論運輸總噸位之增或減均依本表所定程序及比率核實配運，不作額外之補給。

3. 其他項下 4% 無須記物資之需要程序及運量之可能與否，由物資內運優先管制會議按月支配。

四、（1）孔副院長函請增運鈔及鋼繩噸位案

（2）財政部來電請配運裝本局存印紗布及中元造紙廠在印美購毛毯案

（3）軍委會政治部請運電訊器材三噸案

（4）交通部請增撥汽車配件噸位案

決議：

除自四月份起依照調製比率實施外，茲在三月份內根據
中航機能達六百噸之基數，另行增配如下：

（1）財政部各項物資及中央銀行鈔券共 50 噸。

（2）軍委會政治部電訊器材三噸（此項器材如在三月
　　　份內尚不及趕運，則改由交通司使用，以後仍歸
　　　交通司撥還）。

（3）交通部公路總局（即前配件委員會部份）汽車配
　　　件十五噸。

五、潘參事提關於中航機由美軍部訂約包用後所有每
　　　次決定之優先程序似須備一副本交由中航公司轉
　　　達美方案

決議：

照向例由總長函知史迪威將軍飭辦。

散會

中央各機關駐印代表臨時會議紀錄

日期　民國 32 年 3 月 16 日下午 3 時

地點　加爾各答東區處會議廳

出席　陳質平

　　　Mr. Harding（國防供應公司）

　　　梁敬釗（中航公司）

　　　柯　俊（工礦調整處）

　　　沈祖同（萬少斌代）（中信局）

　　　周孟庵（永利公司）

　　　王鑑賢（復興公司）

　　　鄭方珩（交通司）

　　　汪效岑（兵工署）

　　　李　薯（中央銀行）

　　　李直夫（軍需署）

　　　雲　鐸（航委會）

　　　夏憲講

　　　孫乃騄（資委會）

　　　Major Fort（美供應部）

　　　Major Rouch（美供應部）

　　　周頌賢

　　　王慎名

　　　陳幹清

主席　周頌賢

主席介紹美軍供應部代表福特少校、羅區少校，國防供應公司哈定君，及本處王副代表。

主席報告：

上次臨時會議議決加昆間空運辦法，美供應部總司令部來函同意情形，及二、三月空運統計。

主席：

（致詞）請供應部：（一）將應製報告源源送來，並（二）注意箱記之填註，當場分發應製報告程序表一份（附件二）。供應部代表表示接受。

哈定：

美國來印裝中國政府貨輪，國防供應公司按照卸輪口岸將貨票箱單等逕寄喀喇蚩或加爾各答。

福特：

貨輪到加供應部可將船單抄送 BOTC。

主席：

起岸物資所有箱記萬勿擦去，倘須換箱，亦應將原箱記重寫於上。

希望加供應部：（一）如狄區專設中國國防物資處，辦理我政府物資儲運事宜，（二）我政府物資宜存儲一起，勿散佈分類貨倉。

哈定：

中國政府代表應盡量設法迎合美軍將物資分六大類之辦法。

夏代表：

各項報告何時分送各代表。

主席：

供應部送到後即複打分送關係代表。

哈定：

供應部各庫人員不齊，一切報告恐難如期送到，六星期內不能到達十分美滿地步。

雲代表：

過去報告如何辦理。

主席：

已由供應部補來一部份，打後分發在加各機關。

今後加爾各答來輪有增多之趨勢，卸輪物資必須注意箱記。

福特少校：

可以照辦。

主席：

　　在定時商得拜羅中校同意，調派費頤年來參加，率領國籍點貨員擔任卸輪工作，不知供應部能否接受。

福特少校：

　　請商由哈伯司令官決定之。

主席：

　　上次空運辦法補充各項如下：

（一）中航如有機可裝鈔券，應直接通知中央銀行，如有機裝其他物資，則通知供應部。

（二）美案以外務資由本處派車送供應部加城倉庫。

（三）供應部根據物資內運清單，將（二）項物資連同代管美料派車送機場裝機。

（四）鈔券由中央銀行自送機場自行裝機。

（五）每月加城各機關空運物資，援用重慶規定百分率指示大概而已，各機關應儘量利用水運、陸運至定疆裝機去昆，留出加爾各答空運噸位搶運急用物資，同時任何機關如有萬急物資，即已超出百分率亦可趕運，惟定、加兩地空運物資之和，不能超出優先會規定噸位。

（六）倘有機無貨則儘量運鈔。

（七）美軍急運物資亦可商洽本處用中航機空運，但以不過定疆為度，到定後仍裝我政府物資至昆。

雲代表：

　　本會由美空運來印物資卸在機場，可否不運城內供應部倉庫。

主席：

　　可逕交 Lient. Bilotti Dum Dum，但須在當月內運物資單敘明，以清手續。

鄭代表：

　　由加裝去我政府物資交運何地。

主席：

　　應卸昆明，上次在定疆卸儀係加美軍誤會所致。

夏代表：

　　請將美軍轉移利多、蘭姆加兩地物資通知各機關，以便向美補充。

主席：

　　利、蘭兩地物資作為交我政府應用者，美軍不負補充之責，其確係轉移物資，可責由美軍補足之，所有此項 SHIPPING TICKET 正在趕打中，以便分送關係機關。

哈定：

　　沈總代表正製移轉物資總表中。

孫代表：

　　中航空運重量常有出入，為計算運費及謀飛機安全計，大須注意。

主席：

（一）BOTC 將中航空運日報與美軍運單核對。

（二）請美軍在出倉以前覆磅物資。

夏代表：

　　福公司在狄區物資無遮蔽場所，宜改善。

主席：

　　當通知該公司照辦。

下午四時四十分散會。

EXHIBIT (II)
附件二
Diagram Showing
加爾各答我玖府援軍物總轉及程序表
China defence supplies movements and distribution of relative records in Calcutta Area.

	報集 PAPERS	KARACHI	CALCUTTA S.O.S.	B.O.T.C.
美國來資 When Cargo is shipped from U.S.A.	輪船艙單 Manifest.	(US) ⟶		
喀州來資 When cargo is shipped from Karachi.	水陸提運單 Shipping Tickets (SOS) (BOTC)	⟶	⟶	
加爾各答卸貨 When cargo is discharged at Calcutta entered in SOS Warehouses 加爾各答入倉	郵艙憑單 Tally-in 進倉日報 出倉日報		⟶	⟶
加爾各答出倉 When cargo is taken out of SOS Warehouses	Tally-out			⟶
加爾各答交水陸或運出 When cargo is shipped from Calcutta by Rail/Water	水陸地運單 Shipping Ticket		⟶	
每月空運 When cargo is to be shipped by Air	空運物議清單 Priority Lists		⟵	
加爾各答交飛機運出 When cargo is shipped from Calcutta by Air	飛機運單 Manifests		2 copies ⟶	

軍事委員會運輸會議物資內運優先管制會議第九次會議紀錄

日期　民國 32 年 3 月 16 日下午 3 時半

地點　軍政部會議廳

出席　錢大均　項雄霄　王景錄　楊繼曾

　　　沈克非　王承黻（高大經代）

　　　陳　璞　童季齡（閻子素代）

　　　蔣易均　楊傳久　金士宣　陳菊如

　　　徐允鰲

列席　許詒勳　王潤生　程威廉

主席　錢大鈞

紀錄　徐允鰲

甲、報告事項

一、主席報告第八次會議紀錄

二、兵工署楊司長報告

　　（1）上次調整百分比率表，兵工器材部份說明欄
　　　　尾註「及成品」三字應予刪除，因成品現由
　　　　美軍機擔任內運。

　　（2）本署頃接美軍部來函查詢有借兵工署名義載運
　　　　布疋，及問百分比率所定 22%，而實際未能依
　　　　照總額運足各點，似應分別查明並解答。

　　（3）四月份軍需署在本署及交通司比率內配運軍
　　　　服，以後將其噸位撥還之辦法，似須通知美方。

三、中航公司高主任報告

（1）本公司 C-53 第 53 號及 C-53 第 49 號運輸機兩
架，於本月十一日及十三日由昆飛出，先後失
蹤，除呈報交通部外，經報請滇省軍政機關尋
覓，迄無下落。

（2）基於上項損失關係，擬今後將貨物載重減輕，
藉可防止飛機本身之損失，又因此在本月份
起，內運總額恐未能達成預計之基數。

（3）三月份截至十五日止，已內運物資三七九噸
九五七公斤。

乙、 討論決定事項

一、中航公司高主任提議關於中航機承運軍公物資運
費自去年七月至本年二月底止僅軍政部所屬各署
司並連同載運赴印遠征軍併計除去財政部所撥週
轉金內扣除之外尚欠一千五百餘萬元究應如何辦
理案

決議：

1. 遠征軍運費須另案請示解決。

2. 物資運費去年者，由各機關據中航帳單分向財政部
追請撥付，或由機關本身設法墊撥。

3. 再由中航公司開列自上年七月份起運費總帳，分送
各該單位核辦。

二、軍委會調查統計局每月請配運存印電訊器材五噸案

三、軍委會軍令部尚有存印電訊器材五噸半應如何配
　　運案

決議：

以上兩項由交通司撥配。

四、中央廣播事業管理處請在四月份配運廣播器材五
　　噸案

決議：

由交通部撥配。

五、美大使館新聞處請四月份配運存印公物兩噸案

決議：

在四月份其他項下撥運一噸。

六、教育部先後到印圖書儀器約八噸餘應為何配撥案

決議：在四月份其他項下撥運二噸。

七、外匯管理委員會來函關於各機關以現擬在美購料
　　必須由運輸會議核給准撥航運噸位證明案

決議：

再行研究後答復。

八、沈總代表建議我國政府各機關向印購運物品擬具
　　辦法四則請核示案

決議：

轉函財政部併案查核。

九、交通部來函為請將土西鐵路第二個月內運物資之
　　分配預為核定比例案

決議：

暫緩。

十、交通司提議為印西東運物資請照空運百分比率三
　　倍配送可否請公決案

決議：

轉函沈總代表照前定辦法第四項設法調整，應增為兩倍
或三倍。

十一、交通部轉託中信局在印代購包銅線一批共計五
　　　百五十磅請核發航運優先證案

決議：

可逕洽周區代表在交通部噸位內配運。

十二、經濟部提議存儲印昆物資為美軍扣用請應交
　　　涉案

決議：

已由商局長正在交涉中，併案解決。

十三、經濟部來函請將本部器材在五月份持平調整為
　　　6%案

決議：

俟調整時再議。

散會

軍事委員會運輸會議物資內運優先
管制會議第十次會議紀錄

日期　民國 32 年 3 月 23 日下午 2 時半

地點　軍政部會議廳

出席　錢大均　　　　項雄霄

　　　潘光迴　　　　楊繼曾

　　　汪英賓　　　　金士宣

　　　沈克非（舒昌譽代）　童季齡（閻子素代）

　　　王景錄　　　　陳　璞

　　　王承黻（高大經代）　盛祖鈞

　　　楊傳久　　　　蔣易均

　　　陳菊如

列席　王潤生　　　　程威廉

　　　許詒勳

主席　錢大鈞

紀錄　徐允鷔

甲、 報告事項

一、主席報告

　　（1）宣讀第九次會議紀錄。

　　（2）根據公路總局運輸處抄送三月份中航機及美

　　　　軍機運量如下：

　　　　中航機一日至十八日為四七五噸五二〇公斤。

　　　　美軍機一日至十日為八七九噸五二四公斤。

二、兵工署楊司長報告近接交通部通知滇緬公路局討
　　論空運到昆汽油案
　　（1）被美軍扣用部份交涉問題。
　　（2）分配用途問題，查前定辦法，係分交滇緬、西
　　　　　南、川滇東路三局使用，為接運空運到昆兵料
　　　　　之需，目前本署物資業已停運，故前定分配辦
　　　　　法已不適用，至目前存油及續運到昆者，均歸
　　　　　本署交付運費，除已飭由本署昆明辦事處接收
　　　　　保管外，此後並須由兵署分配使用。
三、中航公司高主任報告
　　（1）關於運資帳單已遵照上次決議分別造送。
　　（2）三月份運量截至二十二日止，共為三五一噸又
　　　　　五六八公斤。

乙、討論決定事項

一、液體燃料管委會盛組長提議，關於空運到昆汽油，
　　今後如交兵工署接收分配，所有前收保管費之發還
　　及接轉運費之如何收回等問題，應請解決。
二、中航公司提議，關於財政部前撥週轉金，轉奉交
　　通部令飭收回繳庫案，仍請協助，俾維業務。
決議：
一、本年度者仍照前議由各機關付現。
二、去年墊款除仍歸各機關分向財政部請撥外，中航
　　公司可待何時收回、何時繳庫。

三、公路總局運務處提議據周區代表電，以財政部在
　　加爾各答有二十元鈔十噸，狄不魯加二十一噸，
　　均請逕運重慶案，如何核示請公決。

決議：

仍運昆明。

四、軍政部駐印代表鄭方珩報告關於交通司到印物資
　　處理問題及美軍對物資動態不通知我方請予分別
　　交涉調整案

決議：

照交通司所簽意見，（1）（2）兩項函沈總代表辦理，
（3）項請在美軍機內配運交通司物資每月六十噸一
節，先向美軍部試洽。

五、關於外匯管理委員會為對各機關以現擬向美購料
　　必須取得本會議准撥空運噸位證明案經照上次決
　　議重行擬就簡則五項當否請公決案

決議：

提請本星期四運輸會議裁決。

丙、散會

軍事委員會運輸會議物資內運優先管制會議第十一次會議紀錄

日期　民國 32 年 4 月 6 日下午 2 時半

地點　軍政部會議廳

出席　錢大均　　　　　　項雄霄

　　　潘光迴　　　　　　楊繼曾

　　　沈克非（舒昌譽代）　童季齡（閻子素代）

　　　楊傳久　　　　　　金士宣

　　　陳菊如　　　　　　蔣易均

　　　盛祖鈞　　　　　　陳　璞

　　　王承黻（高大經代）　王景錄

　　　吳中林　　　　　　周其棠（沈正傳代）

列席　王潤生　　　　　　程威廉

　　　張鄂聯（工礦調整處）

主席　錢大鈞

紀錄　徐允鰲

甲、報告事項

一、主席報告

（1）宣讀第十次會議紀錄。

（2）三月份中航機實施運量，根據周區代表文電報告為七一一噸，公路總局運務處所製統計，中航機七二七噸又二三六公斤（美機共一八八○公噸又七六○公斤，其運我方物資一一五二噸又五六二公斤），據中航公司所報為六八

六噸又三九六公斤（查上列數字互有差別，
應再詳查核對改正）。

（3）關於前准財政部及外匯管理委員會分別函囑
將前訂各機關以現款向美購料准撥空運噸位
辦法應予修正案，業經擬訂本會議核給各機
關以現款向美訂購物資准撥空運證明簡則四
項，提請三月廿五日第二次運輸會議修正通
過後，並分行各機關查照在案。

（4）近據沈總代表建議，關於存印物資撥讓手續
及以後請由美方撥還辦法，經昨（五）日召
集各有關機關會商修正，當在另案分行各機
關查照。

（5）財政部函復關於沈總代表建議我國各機關及商
人在印購料應規定統一辦法一案，曾由本部擬
具原則四項呈請行政院核示在案，但尚未奉有
指示，特抄送原文囑為查照等由，查此事既未
具體決定，當先轉達沈總代表參考。

（6）外事局函復為關於存印汽車零件、乾電池等
項，美軍不允內運，並扣用其他器材一案，
經向美軍供應部交涉去後，現准答復略以前
為顧及我國作戰部隊之需要，曾暫將一部份
器材存阿薩姆待用，現已恢復運輸，並照我
方核定優先程序裝運。

（7）外事局函復關於交通司請在美軍機內運中，今
後每月配運交通通訊器材六十噸一案，經試洽
結果，目前頗難辦到，將來即有餘力時，亦不

能接受某一機關單獨請求，須由優先會議決
定分配。

(8) 交通部國際事務室轉據王幫辦慎民由印寄到
情報一件，內有關於由加爾各答內飛之中航
機，如無其他物資可裝，則改運鈔券。

(9) 交通部公路總局轉據滇緬公路運輸局空運接
轉站林站長呈復，關於印昆內運物資數字互
有差異，今後擬對兵工署方面於月終另案核
對抄單，送交兵工署昆明辦事處。

乙、 討論決定事項

一、交通司王司長提議現時國內所存機油無多中航機
運量微弱除照比率規定僅能內運少數之交通通訊
器材外自無法再令配運上項機油照目前估計僅軍
車每月需七十噸左右擬請向美軍交涉內運案

決議：

可依照外事局函告美方答復原則，如今後運量有餘，酌
予配運，再函外事局試洽。

二、航委會楊委員提議本會器化油亦極缺乏擬請交涉
內運案

決議：

併案試洽。

三、孔副院長來函請將鈔券噸位單獨規定並將鋼繩噸
位除在撥給財部噸位外每月再加二十噸案

決議：

俟百分率修正時再列核定。

四、國防供應公司來函關於 L. K. 泰勒君請將汽車配件
　　及修理設備內運一節現已抵印請核配優先噸位案

決議：

查明用途再撥。

五、中央廣播事業管理處來函關於廣播器材在四月份
　　內除已洽准交通部在其噸位中撥配三噸外但仍不
　　敷請在其他項下另撥兩噸案

決議：

四月份始准照撥。

六、中航公司高主任提議關於周區代表電報本公司應
　　運之飛機油美軍停運一節其原因何在應請查明並
　　此項油料實為維持本公司整個客貨運輸之用非僅
　　屬印昆一段所需故除在本月份必需按照比率實施
　　外今後並請酌予增加俾維業務案

決議：

查明原因再核。

散會

軍事委員會運輸會議物資內運優先管制會議第十二次會議紀錄

日期　民國 32 年 4 月 13 日下午 2 時

地點　本會會議廳

出席　錢大鈞　　　　　　　項雄霄

　　　金士宣　　　　　　　陳　璞

　　　王景錄（許詒勳代）　汪英賓（屠　雙代）

　　　陳菊如　　　　　　　沈克非（舒昌譽代）

　　　盛祖鈞　　　　　　　楊傳久

　　　潘光迥　　　　　　　王承黻（高大經代）

　　　吳中林　　　　　　　童季齡（閻子素代）

　　　楊繼曾　　　　　　　蔣易均

列席　程威廉

主席　錢大鈞

紀錄　徐允鷔

甲、 主席報告

（1）宣讀第十一次會議紀錄。

（2）周區代表卯文電報告，本月上旬中航機運量共二
　　　一一噸。

乙、 中航公司高主任報告

本公司 58 號運輸機一架，於本月七日晨六時由定疆飛
出時，因天氣不佳，於七時後曾得報告折返，但即不明
下落。

丙、 討論決定事項

一、沈總代表灰電到印總司令部函為籌議經緬甸公路運
　　輸恢復後運供我國需用各種油料定本月十六日開
　　會請核示我方初期需用各種油類數量案

主席指定潘參事會同交通部、交通司、液委會等各代表
在會後商決電復，飛機油由航委會另辦。

二、奉交美軍供應部四月四日第一一〇號備忘錄關於我
　　方月需空運機油七十噸一節目前運量有限不充擔
　　任案

決議：

根據上次決議原則，仍函外事局試洽。

三、公路總局來函為據中南橡膠廠請將印購翻製車胎所
　　需膠料在四月份內撥給空運噸位內運案

決議：

四月份姑准在其他項下撥給兩噸，此後應由主管部份核配。

四、液委會代電為承辦空運到昆汽油擬作一結束並定辦
　　法五項請核示案

決議：

將（一）（二）兩項修正後通知照辦。

五、公路總局程科長提議關於空運到昆汽油經查明係在
　　印向英方存油中借來現既歸兵工署接收應補辦請
　　借手續藉符原案

決議：

由公路總局函兵工署照辦。

散會

軍事委員會運輸會議物資內運優先管制會議第十三次會議紀錄

日期　民國 32 年 4 月 20 日下午 2 時半

地點　本會會議廳

出席　項雄霄　潘光迥　楊繼曾（周其棠代）

　　　金士宣　陳菊如　吳中林　楊傳久

　　　陳　璞（潘　經代）　　童季齡（閻子素代）

　　　沈克非（舒昌譽代）　　盛祖鈞

　　　王承黻（高大經代）　　汪英賓（屠　雙代）

　　　王景錄

列席　許詒勳　張鄂聯（工礦調整處）

主席　項雄霄

紀錄　徐允鰲

甲、報告事項

（一）主席報告

　　1. 宣讀十二次會議紀錄。

　　2. 上次討論事項，第一次關於沈總代表來電，為印方籌議經緬甸公路運輸恢復後可供我方各種油類請示初期所需運入數量案，經潘參事會同交通部、交通司、液委會等各代表商洽結果，並已電復沈總代表情形。

　　3. 奉總長交下美供應部賀安將軍四月十六日復函，關於軍需服裝可由美機代運六百噸，已有被服三三二噸、膠鞋七二〇〇〇雙運抵昆

明，並或可在本月份將有大量運入。

4. 據周區代表抄送經與福公司訂定詳細聯繫辦法（當另案抄發各機關）。

5. 財政部迭請將鈔券噸位另列及額外增鋼繩噸位問題，節經將現況答復在案，並抵印鋼繩壹百圈，據周區代表最近報告，已全部運清，但不經本會議去電，如有續到者應提出配運。

（二）中航公司高主任報告

1. 一日至十九日總運量為三八三噸又五六九公斤，估計本月份仍可達成六百噸之基數，但無超過希望。

2. 各機關存加爾各答零星物資如需運至定疆，本公司可以代運，但運費應照普通規定收取每公斤為五個羅比。

乙、 討論決定事項

（一）交通部公路總局提請轉洽美方每月至少由美軍機內運機油壹百噸案

決議：

請液委會重行核計各機關最低需要數量，彙列基準清表過會，統籌轉洽。

（二）財政部函請將其僑胞公債票二十餘萬張（每萬張約重二千五百磅）備機運往加爾各答以便裝輪運美案

決議：

請財政部儘先車運至昆，由中航機於返印回空噸位，作

出品物資例陸續帶運。

（三）沈總長代表電請將英國經濟作戰部贈我國際問
　　　題研究所無線電器材一批約一五〇〇噸在五月
　　　份中航機其他項下配運案

決議：

陸續交中航客機空餘噸位付現帶運。

（四）沈總代表來電以奉宋部長令在印洽借汽油精係甘
　　　肅油礦局所急需請洽美機每月撥給兩噸內運案

決議：

由中航機其他項下照運。

（五）英大使館新聞處續請將在印公物自五月份起每
　　　月配運三噸案

決議：

每月視中航機運量之可能，在其他項下配運一噸至兩噸。

（六）兵工署周代表提請轉洽美方，關於美軍機所運
　　　本署物資，除成品可運卸雲南驛外，其他各種
　　　原料應運至昆明、楊林或呈貢三地，以便接轉
　　　使用。

決議：

照辦。

散會

軍事委員會運輸會議物資內運優先管制會議第十四次會議紀錄

日期　民國 32 年 4 月 27 日下午 2 時半

地點　本會會議廳

出席　錢大鈞　　　　　　　項雄霄

　　　楊繼曾（周其棠代）　童季齡（闔子素代）

　　　陳菊如　　　　　　　王景錄

　　　吳中林　　　　　　　蔣易均

　　　汪英賓（屠　雙代）　陳　璞（潘　經代）

　　　金士宣　　　　　　　盛祖鈞

　　　沈克非

列席　程威廉　　　　　　　郭可詮

　　　許詒勳　　　　　　　舒昌譽

　　　鄭達生

主席　錢大鈞

紀錄　徐允鷔

甲、 報告事項

（一）主席報告

　　1. 宣讀十三次會議紀錄。

　　2. 周區代表卯馬電報告，鹽務總局鋼繩有續抵喀拉蚩者五十五捲，即起運，到時即可裝機。

　　3. 周區代表卯漾電報告，本月上旬因天氣關係，美機飛行次數較一、二、三月六成，原訂運輸計劃不能按照實施，如軍需品恐須全停，我空

軍汽油原定二百噸，因此減為百噸。

4. 周區代表卯效電報，關於中航汽油經數度接洽已無問題，本月份可照比率運足。

（二）中航公司高主任報告

1. 本月份運量截至二十五日止，已運五三八噸又九六一公斤，照此推計仍可超過六百噸之基數。

2. 遠征軍在定疆向公司接洽，欲包用客機載運軍官返國，查本公司客機不敷，似可利用運輸機撥運。

主席答復：

此事另有規定辦法，應通知逕向軍委會請示核辦。

（三）財政部閻代表報告

關於本部與中央銀行五月份空運噸位分配辦法，經會商決定，即在原得 25% 內撥出二十噸配運財部所屬各機關物資。

1. 花紗布管制局　紗布　十噸

2. 鹽務總局　　　鋼繩　七噸

3. 復興公司　　　漂料　二噸

4. 桐油研究所　　儀器　一噸

其餘噸位悉運鈔券及器材

（四）中央銀行陳代表報告

上項分配噸位，當時開會決定係屬撥借性質，將來須由財政部歸還。

乙、 討論決定事項

（一）五月份中航機內運噸位如何支配實施案

決議：

（A）仍以六百噸為基數，照原定比率實施。

（B）其他項下 4% 分配如下：

　　　1. 中航公司　　　汽車　　九噸

　　　2. 教育部　　　　儀器　　二噸

　　　3. 英大使館　　　公物　　一噸

　　　4. 甘肅油礦局　　汽油精　二噸

　　　5. 中央航空公司　汽油　　七噸

　　　保留三噸，如延至下半月無急要物資請運時，則撥中航公司運油。

（C）財政部及中央銀行噸位照其商定分配辦法併案實施。

（二）軍需署吳司長提關於軍需被服美軍雖稱可照六百噸之要求於本月份大量運入但本署並未得到確實數字之報告恐亦不能達成預定噸位應請設法增配案

決議：

請軍需署查明業已到達數量，列表送會再核。

（三）財政部及中央銀行代表會同提請對於鈔券與財政部物資應將比率劃分案

決議：

自六月份起劃分財政部物資（包刮所屬各機關）3%，中央銀行（包括鈔券及印鈔器材）22%。

軍事委員會運輸會議物資內運優先管制會議第十五次會議紀錄

日期　民國 32 年 5 月 4 日下午 2 時半

地點　本會會議廳

出席　項雄霄　楊繼曾　　周德鴻

　　　陳菊如　蔣易均　　沈克非（舒昌譽代）

　　　金士宣　王景錄　　童季齡（閻子素代）

　　　王承黻（高大經代）　汪英賓（程威廉代）

列席　郭可詮（甘礦局）　張鄂聯（工礦處）

　　　許詒勳

主席　項雄霄

紀錄　徐允鷔

甲、報告事項

（一）主席報告

　　1. 宣讀第十四次會議紀錄。

　　2. 中航機四月份內運總額六三七噸一三三公斤。

　　3. 外事局函復，關於交通司要求美軍機每月配運機油七十噸，業經再度接洽結果，據云目前內運彈藥、飛機油及軍服等物品甚急，實無餘力配運機油，況兩季開始運量大減，所請歉難照辦。

　　4. 財政部來函關於我國各機關在印購料應歸統一辦理一案，業經擬具「在英國本土及英屬各地購料辦法」呈奉行政院三十二年四月三日

機字第 1788 號指令照辦，附錄該辦法如下：

（一）在英國本土以借款購料，由財政部核
定後，交倫敦購料經理處經辦。

（二）在英屬各地以借款購料，由財政部核
定後，交福公司代辦。

（三）在英國本土及英屬各地以現款購料，
由中央信託局辦理，如事實上中信局
辦理不便時，可分別改託倫敦購料經
理處或福公司承辦。

（四）我國政府各機關購料，凡不依本辦法
辦理者，駐英大使館及駐印專員應拒
絕代領出可許可證。

（二）中國航空公司高主任報告

1. 四月份在其他項下，業將配餘之三噸撥給本公
司增進油料，但因為時迫促，故仍未及配運。

2. 五月份仍希望至低限度維持百分之二，即以
六百噸基數計算，應運足十二噸。

（三）交通部金參事報告，依照四月份總運量六百噸，
交部器材據周區代表電告僅運 37.5 噸，較比率
相差甚多，應請查明。

主席答復：

俟查明再告。

（四）航委會周代表報告

1. 本會四月份運量亦未比照總額運足，請併案
查告。

2. 現按本會駐印代表報告，美機運量大減，所

> 有原定代運之我空軍汽油不能照運，照此情
> 形則前據周區代表所稱，折減一百噸亦無希
> 望，擬請交涉。
>
> 3. 本會在印訓練之航空學生，每兩月為一期，
> 必須有六十名淘汰，但因招生困難，故須令
> 其安全返國，擬請准予撥機載運。

主席答復：

2項當時如何向美方洽運，本會議無案，應請航委會直
接交涉。3項如欲撥機載運，勢必影響內運物資噸位，
故有相當困難，但該項淘汰學生可否就近請由遠征軍部
酌予安插，請航委會逕呈總長核示。

乙、 討論決定事項

（一）航委會航空總監部現存狄不魯加汽油 1,889 箱需
　　　用萬急優先內運案

決議：

照目前空運量無法配運，此項鉅額汽油如需要急切，可
採用玉門汽油。

（二）中央廣播事業管理處請將存印器材除在五月份
　　　其他項下再配三噸外並請轉咨交通部另行撥配
　　　五噸案

決議：

五月份其他噸位分配無餘，仍請交通部酌撥。

丙、散會

軍事委員會運輸會議物資內運優先管制會議第十六次會議紀錄

日期　民國 32 年 5 月 11 日下午 2 時半

地點　本會會議廳

出席　錢大鈞　　　　　　　項雄霄

　　　楊繼曾（樊思復代）　周德鴻（楊傳久代）

　　　吳中林　　　　　　　蔣易均

　　　屠　雙　　　　　　　童季齡（閻子素代）

　　　陳　璞　　　　　　　王景錄（許詒勳代）

　　　金士宣　　　　　　　盛祖鈞

　　　王承黻（高大經代）

列席　程威廉　　　　　　　張鄂聯

主席　錢大鈞

紀錄　徐允鰲

甲、報告事項

（一）主席報告

　　1. 宣讀第十五次會議紀錄。

　　2. 交通部在四月份未能按比率運足之噸位，根據周區代表電告係由美軍臨時裝運空軍汽油，以後可撥運。

（二）中航公司高主任報告

　　1. 本月一日至八日運量共計一八八噸四五九公斤。

　　2. 本公司現有運輸機 XXX 架，機數確有增加，但各機載重量均已減少。

（三）軍需署吳司長報告

接本署駐印代表李直夫江日電告：

（1）五月份中航機應運軍服一七〇噸，實際僅運七〇噸，擬請設法補足。

（2）美軍機原准配運之軍服四百噸，並無絲毫運入，亦請提向美方交涉，如蚊帳、雨衣、膠鞋等件均為夏季急需之品。

主席答復：

（1）據周區代表同日報告，中航機運量列有軍服 1703 噸，已照數運足，可去電查詢。

（2）美軍機部份，據周區代表報告四月份氣候不佳，全部運量大減，各項預定噸位均未達成，或竟向隅，但軍需服裝在月初已先運出百餘噸等情，其未運之數可再函美軍部交涉。

（四）兵工署樊代表報告本署接公路總局汪主任祕書英賓四月皓日由昆來電關於空運到昆汽油前由液委會所收款項應悉數退還案

主席答復：

此事早有解決辦法，可洽液委會查案辦理。

乙、討論決定事項

（一）公誼救護隊來函請在五月份起給予空運噸位半噸（一千一百磅）案

決議：

可洽中航客機空餘噸位帶運。

（二）孔部長來函為鹽務局鋼繩尚有一千圈正由美分

批陸續運印仍希轉知美空軍設法併運由

主席答復：

查過去美機所運之鋼繩係以兵工材料與中航噸位交換，

並非美機可運鋼繩，但俟到印後當可仍照比率配運。

散會

軍事委員會運輸會議物資內運優先管制會議第十七次會議紀錄

日期　民國 32 年 5 月 18 日下午 3 時

地點　本會會議廳

出席　錢大鈞　楊繼曾　　　　　　吳競清

　　　金士宣　王景錄　　　　　　周德鴻

　　　童季齡（閻子素代）　　　　吳中林

　　　王承黻（高大經代）　　　　蔣易均

　　　陳　璞　沈克非（舒昌譽代）

　　　盛祖鈞　汪英賓（程威廉代）　徐允鰲

列席　郭可詮　許詒勳　李廷弼

主席　錢大鈞

紀錄　徐允鰲

甲、 報告事項

（一）主席報告

　　（1）宣讀第十六次會議紀錄。

　　（2）前據中航公司函請，利用回空機裝運汽油空桶赴印一案，現據滇緬公路運輸局報稱經洽美軍不能同意，因照合約規定須裝運美軍物資之故，現在駐昆美軍司令更調，當再交涉，俟有結果再行呈報。

　　（3）美軍借全部中航機裝運飛機油噸位，據周區代表辰寒電報稱，共應補送 131 噸，已調集江岸 54 式新機擔任，於篠日開始補還。

（二）中航公司高主任報告

> （1）本月一日至十六日中航機全部運量共為 385
> 噸 556 公斤，照此推計，本月份可超出 700
> 噸以上。

> （2）本公司各航線客運機所需油料，如照分配
> 十二噸之數目，不敷甚鉅，前曾造具用油
> 預算表先後函請增撥內運在案，應請設法
> 支配，俾維業務。

（三）交通部金參事報告

> 中央航空公司飛機本月份起已有增加，請予核定，
> 以後各月份該公司運油噸位時，應酌予增撥，
> 除由本部另函要求外，在六月份希望至少仍能維
> 持百分之一（七噸）。

（四）財政部閻代表報告

> 關於五月份在本部及中央銀行噸位中撥出 20 噸
> 配運紗布、鋼繩等項，如此類物資不及趕到時，
> 則仍歸中央銀行配運鈔券。

（五）交通司王司長報告

> 關於印度境內運輸遲慢，空運物資時有不敷接
> 濟之虞，似應調查其原因，設法改善。

（六）軍醫署陳祕書報告

> （1）二月份本署空運到昆藥品 280 餘箱被美軍撥
> 借，經請外事局交涉結果，據復係撥發遠征
> 軍應用，但其運費是否仍須本署負擔。

> （2）三月份時據惠勒將軍告知本署，云有藥品
> 84 箱由美軍機擔任運昆，但迄未收到，可

　　　　否查明交涉。

主席答復：

以上兩項本會議均無案可稽，無法辦理，應由軍醫署正
式來函再核。

乙、 討論決定事項

（一）本月份中航機總運量如超過七百噸位以上時，
　　　除以七百噸基數悉照比率配運各類物資外，至
　　　其超出之噸位准運中航公司汽油。

（二）中央航空公司內運油料在五、六兩月均仍維持
　　　七噸，以後各月再議。

（三）關於印境運輸遲慢，空運物資時虞不濟問題，請
　　　公路總局運務處物資科程科長以後在每次優先會
　　　議時，將印境物資動態摘列簡表，提出報告。

（四）海軍總司令部請將到印水電配件約四萬二千五
　　　百磅內運案

決議：

應先運至定疆後再行分配核撥噸位。

（五）關於滇緬公路運輸恢復後我方所需初期運供各
　　　類油料前次所提數量太鉅應如何修正以便電知
　　　沈總代表交涉案

主席指定航委會、交通司、液委會、資委會、公路總局
等各派代表，於星期三下午三時至本會議再度研究後，
答復沈總代表，以絕對減少為原則。

散會

軍事委員會運輸會議物資內運優先管制會議第十八次會議紀錄

日期　民國 32 年 5 月 26 日下午 3 時

地點　軍政部會議廳

出席　錢大鈞　項雄霄

　　　楊繼曾　陳　璞

　　　王景錄　童季齡（闔子素代）

　　　陳菊如　沈克非

　　　吳競清　汪英賓（屠　雙代）

　　　金士宣　王承黻（高大經代）

　　　盛祖鈞　蔣易均

　　　周德鴻

列席　舒昌譽　程威廉

　　　許詒勳

主席　錢大鈞

紀錄　徐允鰲

甲、 報告事項

（一）主席報告

　　　1. 宣讀上次會議紀錄。

　　　2. 上次紀錄討論事項第五，關於滇緬路恢復後
　　　　 所需初期運供我方油料數量問題，經重開小
　　　　 組會研究結果。

　　　3. 奉交宋部長五月皓日呈委座電請令各機關嗣
　　　　 後在租借案內申請醫藥器材，必須先經軍醫

署按照所在美軍部之醫藥品目錄查核相符，編造總冊，送交中國國防供應公司駐渝辦事處寄美，否則不予申請等由，除另文通知外，請各代表注意。

4. 空運終點擴增至宜賓案，經商局長親向美軍部賀安將軍面洽結果，據表示因有合約關係及技術等種種問題，應審慎商討，俟與各部門詳加考慮，並徵詢史迪威將軍同意後，再行詳復。

（二）中航公司高主任報告

本月運量截至廿四日為止，共運六四二噸八九四公斤。

乙、 討論決定事項

（一）本月份超過七百噸以上之噸位，仍維持上次決定悉撥中航運油。

（二）奉交宋部長呈委座藸電，美方要求將中航機運量儘數撥供美方運輸空運物資案，經根據宋部長建議，原則核定六、七兩個月臨時比率如下：

1. 美軍物資　　　　40%
2. 鈔券及其器材　　20%
3. 兵工原料　　　　15%
4. 航空器材及油料　15%
5. 軍需物品　　　　 2%
6. 交通司各類物資　 2%
7. 交通部各類物資　 2%

8. 財部物資及鋼繩　　1%

9. 醫藥及其器材　　　1%

　（軍醫署、衛生署各半）

10. 經濟部物資　　　　1%

11. 其他　　　　　　　1%

　　A. 中央航空公司汽油　　　四噸

　　B. 甘肅油礦汽油精　　　　二噸

　　C. 教育部器材　　　　　　一噸

　　D. 英大使館新聞處公物　　一噸

以上分配辦法，暫以八百噸為基數，並屬六、七兩個月之臨時性質。

（三）交通部經濟部交通司等各代表分別申述目前需要此次改定比率大減應請設法調整補救案

主席答復：

容於八月以後設法。

（四）航委會請將在印受訓之淘汰學員必須搭乘中航機返國案

決議：

俟必須返國時當再酌辦。

散會

軍事委員會運輸會議物資內運優先管制會議第十九次會議紀錄

日期　民國 32 年 6 月 1 日下午 3 時

地點　軍政部會議廳

出席　項雄霄　　　　　　　潘光迴

　　　周德鴻　　　　　　　陳菊如

　　　蔣易均（包新第代）　吳競清（汪竹一代）

　　　楊繼曾（周其棠代）　沈克非（舒昌譽代）

　　　金士宣　　　　　　　陳　璞（潘　經代）

　　　徐允鰲　　　　　　　王景錄（許詒勳代）

　　　童季齡（閻子素代）

列席　程威廉　　　　　　　郭可詮

主席　項雄霄

紀錄　徐允鰲

甲、報告事項

（一）主席報告

　　1. 錢祕書長因另有公幹，不克出席。

　　2. 宣讀第十八次會議紀錄。

　　3. 財政部繼續運抵加耳各答大鋼繩廿圈，據周代表報告，截至五月廿七日止已內運十八圈，其餘二圈並已電加速運，又三月份在茶巴機場運剩鋼繩五圈，於廿一日由美軍機運出。

　　4. 空運終點擴增至宜賓計劃，刻已接到美軍部參謀長賀安將軍五月十七日備忘錄答復同意，

可撥用現與美軍部訂立合約之中航公司運機試辦，並提出下列條件：

（一）凡航行宜賓之飛機，不在美軍部與中航公司所訂合約範圍之內。

（二）美軍供應處對於中國國防供應公司、世界貿易公司及其他以宜賓為目的之中國物資，於阿薩姆移交中國航空公司飛機之後，其責任即行停止，並在宜賓站一切有關管理、儲藏及紀錄事項，應悉由我方負責辦理。

（三）來華飛機所需油料，除機翼油箱所貯者外，其餘應由我國供給。

（四）將實施此項計劃所需之飛機號碼通知美軍部，至現行合約則由兩方協議修訂之。

本案除分別通知交通部等各機關進行修訂合約及著手各項應辦事宜外，各代表對此有何意見，請提出報告。

（子）中航公司高主任報告

宜賓機場中航公司方面早經籌備妥當，惟試飛以後關於利用回空機之出口物資，應請各物資機關趕緊準備。

（丑）資委會包技正報告

本會當可按照回空機運量即作準備配運。

（寅）貿易委員會閻代表報告

本會在宜賓出口物資早有準備，屆時

可無問題。

（卯）交通部金參事報告

關於宜賓機場水陸聯運事宜，本部方面已擬定計劃。

（辰）衛生署舒代表報告

宜賓機場方面是否需要各機關分別籌設倉庫。

（巳）航委會購料委員會周主任委員報告

一、交通部所擬水陸聯運計劃，希望在下次優先會議以前逕與本會及航政廳會商後提出。

二、運宜賓物資是否亦包括於原定百分比率之內。

（午）中央銀行陳主任報告

本行在宜賓方面已有倉庫設備，故在試運宜賓之物資中，希望配運一部份鈔券。

主席答復：

1. 出口物資之數量可暫按五架運輸機估計，每月約在二百噸以上，請資委會、貿委會趕緊準備運宜，洽交中航公司，並告知本會。

2. 交通部所擬宜賓水陸聯運計劃各機關有關設施事項，希望在本週內準備就緒，提出下次優先會議檢討實施。

3. 各機關是否需要個別籌設倉庫等項，應俟上項計劃決定後，以能配合適用為原則。

4. 運宜優先物資包括於原定比率範圍，並以兵工原料
為先，次及航空器材，如其運量能有數餘，方能酌
配其他物資。

（二）中航公司高主任報告

1. 中航機五月份總運量七三六噸九五公斤，本
公司汽油僅運十五噸二。

2. 各物資機關運費卅一年後及本年一、二兩月
帳單早經分別開送，但迄今無一付款者，應
請各位代表協助轉請主管部份迅予核付，以
便週轉，並將各機關欠款數目報告如下：

兵工署	一千二百四十九萬貳千元
交通司	三百三十一萬九千元
軍需署	一百八十二萬九千元
軍醫署	九十一萬七千元
軍政部	六百七十八萬四千元
（運出國部隊）	
資委會	三十三萬七千元
航委會	二百柒拾三萬一千元
交通部材料司	一百六十六萬八千元
交通部配件總庫	一十二萬九千元
滇緬公路局	一十六萬四千元

主席提示：

關於上項運費，應請各機關從速核付清結，俾使中航公
司早日歸墊。

乙、 討論決定事項

祕書處提議修定核給各機關向美訂購物資准撥空運噸位證明簡則並規定申請書及證明書格式請公決案

決議：

修正通過（原案附後）。

軍事委員會運輸會議核給各機關申請外匯向美購運物料准撥空運噸位證明簡則

一、凡向美購運物料，僅以中國航空公司運輸機關內運軍公物資百分比率所定之各機關為限。

二、擬購物料數量與噸位必須由各該購料機關慎重考核其是否確實需要，以及能否在其本身所得內運比率項下配運者為度。

三、上項手續亦即由該購料機關先事審查，並將本會議規定申請書填請蓋印後，送由本會議核給證明書，發交原機關向外匯管理委員會請結外匯。

四、如不依上項手續辦理，或須另給空運噸位者，本會議概不證明。

五、如有借款購料，亦須參照本簡則各項辦理，惟申請手續按財政部規定須由購料機關洽經該部核轉本會議。

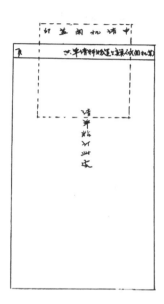

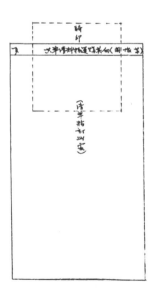

軍事委員會運輸會議物資內運優先管制會議第二十次會議紀錄

日期　民國 32 年 6 月 8 日下午 3 時

地點　會議廳

出席　錢大鈞　　　　　　　項雄霄

　　　吳中林（金展鵬代）　周德鴻

　　　潘光迴　　　　　　　金士宣

　　　陳菊如　　　　　　　陳　璞（潘　經代）

　　　王景錄　　　　　　　沈克非

　　　楊繼曾（周其棠代）　童季齡（閻子素代）

　　　盛祖鈞　　　　　　　汪英賓（屠　雙代）

　　　徐允鰲　　　　　　　蔣易均（包新第代）

　　　吳競清（汪竹一代）

列席　舒昌譽

　　　張鄂聯　許詒勳

主席　錢大鈞

紀錄　徐允鰲

甲、報告事項

一、主席報告

    1. 宣讀第十九次會議紀錄。

    2. 據周區代表巳冬電報告，准美供應部司令官面轉近奉令美軍機專運空運汽油，停運其他一切物資，其中百分之十三又中航百分之十五交 14 隊轉我國空軍應用，原定兵署原料亦暫停運，一

俟恢復常態再行核辦。

3. 關於財政部前請利用回空機運美僑胞所購公債票一案，茲經飭據滇緬路局洽准，美供應部復稱須時，該項債票到昆明約期見告，以便預籌等情，此事請財政部查明答復。

二、航委會購料委員會周主任委員報告

關於運宜物資規定以兵工原料為先，次及航空器材，究作如何分配，擬請決定。

三、中央銀行陳主任報告

運宜優先程序希望採照定昆間內運比率，仍以鈔券為第一位。

四、經濟部包技正報告

資委會方面對宜賓出口物資有困難問題兩點：

1. 西南出口物資與美方約定均由昆明運出，如欲轉移宜賓時，於手續及運輸均成問題。

2. 假道土西路運輸之出口物資，本會方面已大部份集中西北，且負擔之數目甚多，故事實上已無力可以擔任。

五、財政部閻代表報告

貿易委員會方面原與資委會有同樣困難，至目前可由宜賓出口之物資有豬鬃、茶葉兩種，如資委會不能分擔，則貿委會方面亦恐無力負此全責，但希望宜賓方面之運量能有確實把握，俾可訂立合同。

六、交通部金參事報告關於空運擴增至宜賓實施準備情形如下：

1. 水陸聯運事宜交由招商局承辦。

2. 曾與中航公司洽商結果，希望先在宜賓準備三十噸左右之出口物資，以便先行試飛，然後進行修訂合約。

3. 改飛宜賓所需油料，據王經理稱因與定昆間距離相差甚微，故不致成為問題，惟略需準備，以防萬一。

七、中航公司高主任報告

本月一日至七日運量為一六六噸另三六公斤，其中美空軍汽油佔六八噸四七公斤，適成百分之四十比率。

八、主席提示

1. 試航宜賓機場之出口物資約需三十噸，請貿委會剋日準備運宜。

2. 試航期間，內運物資仍專運兵工原料，請兵工署速作準備，一俟各項手續完妥，正式開運時，再定百分比率。

乙、 討論決定事項

（一）沈總代表來函稱我國現在印境租借法案項下卡車內外輪胎各約四萬餘套設非早為利用恐將損壞近來各機關向印採購輪胎者甚多可否互相撥借案

附存印輪胎統計表

物主機關	交通司	兵工署	航委會	西南運輸處	中運公司	總計
完整者	23201 套		5763 套	4041 套	4400 套	37405 套
僅有外胎	878 個	128 個	866 個			1872 個
僅有內胎	754 個	3648 個	466 個		600 個	5002 個

決議：

除交通司、兵工署部份係配合作戰車輛所需，應妥為保
存不能撥借外，其餘如各機關需要時，可與各該物主機
關商准同意撥讓，屬於西南運輸處及中運公司者，向交
通部公路總局洽辦。

（二）液體燃料管理委員會盛組長提議現時國內機油
甚缺亟待補充前曾決定可將存印機油在各機關
所得噸位中分別內運有案並經本人電請沈總代
表查復存印機油約 4000 餘噸將由美運來者有
1200 噸惟如在印購買油料必需商得印政府同意
方准出境現需要甚急可否酌予設法內運案

決議：

自八月份起酌定噸位內運濟用。

散會

軍事委員會運輸會議物資內運優先管制會議第二十一次會議紀錄

日期　民國 32 年 6 月 15 日下午 3 時

地點　會議廳

出席　錢大鈞　　　　　　　項雄霄

　　　潘光迥　　　　　　　周德鴻

　　　童季齡（閻子素代）　楊繼曾（周其棠代）

　　　王承黻（高大經代）　吳競清（汪竹一代）

　　　蔣易均　　　　　　　陳璞

　　　沈克非（舒昌譽代）　陳菊如

　　　盛祖鈞　　　　　　　王景錄（許詒勳代）

　　　呉中林　　　　　　　汪英賓（屠雙代）

　　　徐允鰲

列席　王世圻　　　　　　　張鄂聯

　　　李廷弼　　　　　　　程威廉

主席　錢大鈞

紀錄　徐允鰲

甲、報告事項

（一）主席報告

　　1. 宣讀第二十次會議紀錄。

　　2. 中央銀行來函，以宜賓機場本行已設置倉庫，將來試航成功分配內運噸位時，囑照原定程序，仍將鈔券列入第一位等由，查此事於上次會議時已據陳代表提出要求紀錄在卷，當俟正

　　式開運後酌辦。

（二）中航公司高主任報告

　　中航機運量，截至十三日止為三三六噸又六一三公斤，照此推計，本月份總量可達七百噸以上。

（三）財政部閻代表報告

　　關於試航宜賓之出口物資，已由貿委會飭中茶公司準備茶葉三十噸，剋日運宜。

（四）經濟部蔣處長報告

　　上次會議紀錄報告事項（四）之1.第一行內「蘇聯」二字，係美方之誤，請更正。

（五）液委會盛組長報告

　　上次會議紀錄討論事項第（二）項第五行「惟存印」三字，應請改為「如購買印度油料……」。

乙、 討論決定事項

一、中航公司來函為擬派遣運輸機一架自重慶飛往宜賓視察並請規定日期及派代表參加案

決議：

1. 電周區代表准該公司調派運輸機一架於二十二日飛渝。

2. 二十三日（星期三）飛宜視察，當日返渝。

3. 該機由定飛渝時，進口物資可運鈔券，由渝返昆轉印之回空仍由中航洽運出口物資。

4. 電航委會轉知宜賓航站，並由中航公司與航委會及宜賓航站洽取聯絡。

5. 視察人員名額如下:

　　交通部七人

　　運輸會議三人

　　航委會、兵工署、軍需署、軍醫署、衛生署、貿委
　　會、資委會、交通司、中央銀行各酌派一人

　　以上人員須將職別、姓名於十九日以前由各機關逕
　　行開送中航公司。

6. 通知美軍部。

二、公路總局來函為河南省政府請運存狄藥品及醫療
　　器械轉請核辦逕復案

決議:

可逕洽中航公司利用客機空餘噸位裝運,運費必須
付現。

三、航委會購料委員會周主任提請在試航宜賓期間仍
　　搭運航空器材案

主席答復:

視以後情形如何,再行決定。

散會

軍事委員會運輸會議物資內運優先管制會議第二十二次會議紀錄

日期　民國 32 年 6 月 22 日下午 3 時

地點　會議廳

出席　錢大鈞　潘光迥　　楊繼曾

　　　王景錄　項雄霄　　吳競清

　　　童季齡（閻子素代）　王承黻（高大經代）

　　　沈克非　蔣易均　　吳中林

　　　金士宣　陳　璞　　盛祖鈞

　　　周德鴻（楊傳久代）　陳菊如　徐允鰲

列席　王世圻　程威廉　　舒昌譽　繆　通

主席　錢大鈞

紀錄　徐允鰲

甲、報告事項

（一）主席報告上次會議紀錄

（二）徐祕書允鰲報告

上星期四（十七日）奉派參加行政院召集討論關於沈專員擬具我國各機關赴印購料建議案經過。

（三）中航公司高主任報告

1. 各機關赴宜視察代表請於星期三八時以前集中珊瑚壩機場。

2. 參加人數太多，應請酌予核減。

3. 中航機本月一日至廿日運量 543 噸 156 公斤。

4. 十九、廿兩日間有回空機數架，因無出口物

資，故裝運汽油空桶。

主席答復：

應請資源委員會及貿易委員會注意。

乙、 討論決定事項

（一）中航公司請求本月份運量超過 700 噸以上時仍
　　　應配運本公司飛機用油並在五月份雖經核准而
　　　未運足之數應請設法補還案

決議：

（1）六月份除准運三十噸外，餘按百分比配運各類物資。

（2）五月分未運足之數，准在七月份扣還補運。

（二）國防供應公司來函為轉據美國經濟作戰部駐渝
　　　代表福勒請運奇潑指揮車二輛案

決議：

請該公司轉知中航機無法內運，應改洽美軍機運入。

（三）航委會楊委員提請試運宜賓物資仍將航空器材
　　　酌予分配案

主席答復：

仍於試運以後統籌酌辦。

（四）交通司王司長交通部吳司長提議關於交通通訊
　　　器材在印裝機時因箱記不明無法判別其屬於軍
　　　政部抑交通部似須設法改善以免紊亂案

主席答復：

仍請交通司與交通部研究改善。

散會

軍事委員會運輸會議物資內運優先管制會議第二十三次會議紀錄

日期　民國 32 年 6 月 29 日下午 3 時

地點　會議廳

出席　項雄霄　童季齡（閻子素代）

　　　蔣易均　周德鴻　陳　璞

　　　陳菊如　沈克非　楊繼曾

　　　汪英賓　王承黻（高大經代）

　　　金士宣　王景錄　盛祖鈞

　　　吳競清　吳中林　徐允鰲

列席　王世坼　程威廉　舒昌譽

　　　汪泰洪　許詒勳

主席　項雄霄

紀錄　徐允鰲

甲、報告事項

A. 主席報告

（1）錢祕書長因另有要公，未能出席。

（2）宣讀二十二次會議紀錄。

（3）據周區代表已有電報告，關於前奉辰儉電飭於本月開運時，優先趕運航委會飛機油 50 噸，經向美軍洽辦情形，並稱本月份運量恐難超出 720 噸，經提請恢復前月每機兩天週轉辦法，機航組認為不可能，則本月份各類物資皆須缺額。

（4）據周區代表已有電稱，奉飭本月份運中航油 30 噸，惟六月份並無此項噸位，且因種種關係，原定各類噸位未能運足，請示此項油料應由何機關撥讓等由，經電復可先運 20 噸，如能超出 720 噸時再運足，並此項噸位可在五月份各機關超額項下由周區代表酌撥。

（5）招商局來函，以試辦宜賓水陸聯運之出口茶葉 30 噸已將到宜，請轉商航委會准飭宜賓航站暫借空屋堆儲，以便候機起運等由，業經本處：（一）轉商航委會飭宜賓航站暫借應用，（二）函請交通部將水陸接轉所需堆儲設備送會，以便轉商航委會核定辦理。

（6）本祕書處派徐祕書視察宜賓機場概況，並建議意見如下：

一、設備

目前只須在機場設一臨時堆棧，約能容納三、四十噸兩天之進出運量為度，可由中航公司洽商航委會同意後設置，不必由物資機關個別添建，以便管理。

二、運宜物資

以品種單純而易於裝卸及保管者為原則，例如箱記不明無法判別物主者，似可暫勿運宜。

三、交通接轉

似可由物資機關悉數委託招商局承辦，惟主要物資機關仍應酌派代表駐宜聯繫。

四、管理

機場範圍應先歸航委會負責，而由中航公司設立辦事處處裡一切主管業務，機場範圍以外則由交通部負責。

五、試航時期

出口茶葉到達宜賓，似可即先試航，一面則從事準備各正式開運設施。

（7）七、八兩月辦公時間變更，優先管制會會議自下星期二起改為下午四點半舉行。

B. 中航公司高主任報告

（1）本月份中航機運量，截至廿八日為止六九一噸五四六公斤，照此情形本月總量可能達成八百噸。

（2）宜賓機場設備希望各機關協助辦理，俾能及早開運，本公司已另有公文送會。

（3）各機關已否派定代表赴宜，應請開送名單以便聯絡。

C. 交通部金參事報告

關於宜賓機場水陸接轉問題，昨日曾由水陸空聯運委員會召開會議商定原則兩項：

（1）進口

由物資機關代表在機場會同點收後，即交由交通部承運。

（2）出口

由物資機關在渝交由招商局運宜裝機。

D. 兵工署楊司長報告

本署在宜賓沒有庫房，只須飭知聯絡，不擬另派代表。

主席答覆：

（1）請金參事將水陸空聯運委員會討論此案會議紀錄
　　　檢送本處。

（2）本處不能派代表主持，仍請依照機場範圍由航委
　　　會負責，機場以外由交通部負責之原則辦理。

（3）在未正式開運之前，各機關似無派遣代表之必要。

E. 公路總局汪祕書主任報告

關於國防供應公司美顧問哈定對美租借法案物資紀
錄統一調整問題甚為注意，並提出兩項意見：

（1）希望我政府各物資機關所需統一記帳方式向其
　　　交換意見，綜合研究。

（2）在其未離渝以前數日內可由各機關指派代表會
　　　同公路總局輪流往牛角沱四總與其接談。

乙、 討論決定事項

一、關於汪祕書主任所提美顧問哈定希望各機關派員
　　輪流接談統一記帳問題。

決議：

六月三十日（星期三）交通部及兵工署

七月一日（星期四）交通局及航委會

七月二日（星期五）軍需署、軍醫署、資委會、貿委會

主席提示：

（1）我方對記帳意見似仍應以分類分戶為主要原則，
　　　並如同類物料而各機關間相互需要者，則亦應同

時判別其物主。

（2）各機關代表與其談話，似仍須有一共同之標的，
俾使易於接納。

二、交通部提議為中央航空公司運油噸位不敷需要原
有航班勢將停頓請重新核定七月份空運噸位案

決議：

另案酌辦。

三、國防供應公司來函以宋部長來電中印公司有存印
汽車配件一批係該公司配合陳納德將軍方面陸地
運輸所需囑優先內運案

公路總局材料處王處長報告：

配件總庫所需內運之配件，原係應付各方面之需要，並
非單為本身著想，現軍用方面雖已規定由交通司統籌，
但公用方面至低限度僅輪胎一項月需 27 噸、機油 20 噸，
如照月前所得交通部器材項下 2% 中，公路部份每月僅
有五噸，不敷需要甚鉅，如中國運輸公司要求內運之配
件，如果能將配件噸位儘量增高，當不致向宋部長方面
提出，希望有一解決辦法，免得繼續請求。

主席答復：

汽車配件深知重要，但照目前情形實難設法，如在七月
以後美軍 40% 不需協助時，當可整個籌配。

王處長建議：

（1）在未能將上項配件運入之前，請泰勒君向美軍
設法。

（2）今後調整噸位，希望將汽車配件另列一項，以便
配合需要。

四、液委會盛組長提議，關於機油噸位配列時，應請
　　列為固定性質，以便向印政府交涉籌撥。

決議：

俟八月份時統籌辦理。

散會

軍事委員會運輸會議物資內運優先管制會議第二十四次會議紀錄

日期　民國 32 年 7 月 6 日下午 4 時 30 分

地點　會議廳

出席　錢大鈞　　　　　　　項雄霄

　　　童季齡（閻子素代）　吳中林

　　　陳　璞　　　　　　　陳菊如

　　　楊繼曾　　　　　　　蔣易均

　　　周德鴻（楊傳久代）　吳競清

　　　金士宣　　　　　　　沈克非

　　　王景錄　　　　　　　盛祖鈞

　　　王承黻（高大經代）　徐允鰲

列席　程威廉　　　　　　　舒昌譽

主席　錢大鈞

紀錄　徐允鰲

甲、報告事項

A. 主席報告

（1）宣讀上次會議紀錄。

（2）據周區代表午支電報告，六月份中航運量共為 731 噸餘，計美空軍 248 噸、兵工署 109 噸、中央銀行及財部 174 噸、航委會 122 噸、軍需署 16 噸、交通司 16 噸、交通部 16 噸、軍醫署 4 噸、衛生署 4 噸、經濟部 8.5 噸、中央航空公司 4 噸、甘肅油礦汽油精 2 噸、教育部 3 噸、英大使

館 1 噸、廣播處 3 噸、美軍用品 6 噸，又在七月初補運美空 72 噸、兵工署 11 噸，為其湊足六月份之比率數。

（3）七月份中航機運量根據周區代表電請以 600 噸為基數，業經總長核定：

一、暫以 600 噸為基數實施。

二、其他 1% 項下，除中央航空公司 4 噸、甘肅油礦汽油精 2 噸仍予配運外，教育部及英大使館各 1 噸暫停，俟下半月可能時再檢入。

三、中國航空公司汽油如能超過 600 噸以上，准運 30 噸，至五月份超額未運之數，如能超出 630 頓時准再撥還。

（4）沈總代表巳真代電報告

由美運印 CDS 及 UTC 資船，近均改在加爾各答卸貨，而加埠之倉儲及運輸設備，美方雖在積極擴充，一時仍難容納大量物資，為預防東區物資過分滯積，同時兼顧土西路開運時不使印西物資存量過少致難配運起見，經已規定嗣後由喀喇蚩東運之物資，務以需要最切者為限，其各為供應空運噸位物資預請東運存儲者，應改在加埠嗣後陸續到貨中配運接濟。

（5）行政院七月一日機字第 1862 號公函，為據沈總代表建議我國政府各機關在印採購物料限制辦法及對於我國租借法案項下存印輪胎四萬支，嗣後擬准互相撥借一案，經院會決定辦法三項如下：

（一）我國在印採購物資應以印度本土之出產品
　　　為主要對象。

（二）我政府各機關如因需要，擬在印境採購該
　　　地之英美輸入物資時，是項物資務以確屬
　　　需用萬分迫切而不及由英美本地購運者為
　　　限，其數量並應以各機關領得之空運噸位
　　　為度，如直接關係軍用者，得由駐印沈專
　　　員提前辦理。

（三）甲、我存印 CDS 或 UTC 物資中，如有同
　　　　　類貨品如車胎、零件等，各機關不得
　　　　　再行在印採購。

　　　乙、我存印 UTC 物資，准由各需要機關與
　　　　　物主機關洽商統籌借用。

　　　丙、各機關如需車胎及汽車另件，可開陳
　　　　　需要數量及總類報由本院特請軍委會
　　　　　運輸會議在存印胎件內核借。

B. 中航公司高主任報告

（1）七月份中航機運量，本公司方面統計 737 噸 674
　　　公斤。

（2）本月一日至五日運量 116.3 噸。

（3）六月份來未能達成基數之原因，乃為缺乏飛機
　　　配件，並非駕駛人員不敷問題。

C. 航委會楊委員報告

關於第二十二次會議紀錄存印交通通訊器材箱記不
明無法判別其物主，經主席指示由交通部、交通司研
究改善問題，本會方面亦有同樣情形，擬參加研究。

交通部吳司長報告：

關於此事，本部方面曾向國防供應公司美顧問哈定建議
數項辦法，但未得到同意。

主席答復：

仍請各主管機關自行洽商研討。

乙、 討論決定事項

（一）交通部金參事提議關於中央航空公司內運汽油
　　　噸位委實不敷需要請設法增加案

決議：

七月份運量為能超過 600 噸以上，除運中國航空公司汽
油 30 噸及撥還五月份該公司缺額外，准加運中央航空
公司 6 噸（連同其他項下四噸共為十噸）。

（二）甘肅油礦局來函有原油四桶約重〇‧八五噸係
　　　供美國試驗提驗飛機汽油所需請洽撥空運噸位
　　　運印案

決議：

請該局運抵昆明後，准洽交回程機運印。

散會

軍事委員會運輸會議
第十次業務會報紀錄

日期　民國 32 年 7 月 8 日下午 3 時

地點　本會會議廳

出席　錢大鈞　楊承訓　何墨林　王景錄

　　　張覺吾　李崇樸　夏劍塵　王企光

　　　盛祖鈞　侯拔崙　趙振東　潘光迴

　　　項雄霄　陳楚雄　李廷弼　徐允鰲

　　　王　濤

主席　錢大鈞

紀錄　王濤

開會如儀

報告事項

一、主席報告

　　本日舉行第十次業務會報，先將本處近兩週業務
概況摘要報告如下。

　　1. 奉交下液委會簽呈為據甘肅油礦局報到七月份
產量共為二十五萬加侖，擬分配：

　　　（1）軍政部交通司九萬加侖

　　　（2）航委會五萬加侖

　　　（3）西北公路局八萬加侖

　　　（4）液委會分配其他各機關三萬加侖

　　　請核示等由，查甘肅油礦局最近每月產油已不

止此數，此後逐月尚可增產，至本年底可月產一百萬介侖，經簽奉核定除二十五萬加侖先照所簽分配。

2. 奉委座手令籌撥西北路局汽油油桶業經報告在案，茲經擬定：

（1）汽油

甘肅油礦局所產油量，除每月經常分配該局八萬加侖外，請液委會再確查該礦局實際剩餘及增產數量，照數撥足十二萬至二十萬加侖。

（2）油款

請由交通部籌措或該機構油週轉金若干，以後在運費內提扣歸墊。

（3）油桶

即照第八次業務會報決定，由西北公路運輸局自供 6000 隻，交通司存獨山 6000 隻，交公路總局接收轉運，另由公路總局籌撥 6000 隻，共 18000 隻，前項辦法業經呈復委座並分電有關各機關查照辦理。

3. 西南國際空運辦理情形

（1）據周區代表報告

六月份中航機內運噸位因駕駛員及定彊方面交通車輛不敷支配等關係，不能達成預定 800 噸之基數，各類物資多數缺額，經呈奉核定七月份准暫照 600 噸基數實施，駕駛員及交通車不敷問題，著由中航公司

及周區代表分別設法調整，增強噸位。

(2) 空運站擴增至宜賓，曾部長提出修改合約
意見，業准史迪威將軍六月廿八日備忘錄
答復其要點：

　　(一) 此項飛機之使用，應藉最迅捷而安
　　　　全之航程，自印度載運物資來華，
　　　　而不應以之代替國內之運輸工具。

　　(二) 凡中航公司合同內提出之飛機與貴國
　　　　政府不久接收之租借法案飛機五架，
　　　　及目前中航公司租用之客運機兩架，
　　　　將受同樣之待遇。

4. 假道土西路運輸籌辦情形

(1) 傅大使六月廿二日二八四八號電報告
　　蘇聯派司機赴印接車，英方表示考慮後再
　　答，並云印度總司令同意將彼現有汽車
　　五百二十輛撥與我方，俟美車運到再行歸
　　還，該車如何分配，應由我與蘇方自行決
　　定，請即電示等語，已電沈總代表查明該
　　車是否前允先撥蘇聯之 550 輛及其車之新舊
　　程度，具報核辦。

(2) 傅大使六月廿九日二八五六號電報告
　　英印已同意蘇聯派司機到沙西丹接車，並
　　請我方贊助，經呈奉總長核定：

　　(一) 此批卡車係撥給蘇聯，英方既允蘇派
　　　　司機到沙西丹接車，我方自可贊助。

　　(二) 我駐印汽車兵團及交通部所準備之

司機可為爾後接收撥我卡車之用。

前項指示業經分電有關機關查照辦理。

5. 上次會報決定由本處派員調查伊犁積存舊購待運物資，經李專員前往對外易貨處洽查，該處亦不詳盡，已分函有關各機關調查，一俟得復，即召集會商起運。

此項物資如無物主機關承認，應一概作軍品接收，以免久停伊犁，故希望物主機關迅速查明原購案由及其品種、數量報告本會，以便統籌內運分配為要。

二、後方勤務部王兼處長報告

1. 玉門油之分配，軍政部交通司每月原為十二萬加侖，茲於七月份提撥農民銀行三萬加侖，本司僅得九萬，嗣後務請照數分配，勿再提撥。

2. 近以酒精原料價格飛漲，七、八兩月份各廠生產量將減至六成，而後方應運之械彈及接轉空運物資則較前增多，兩相比例，更難達成任務，特提出報告請特別注意。

液委會盛組長解答：

第一項交通司應分玉門產油原為百分之四十，此次因提撥西北路局一萬加侖，故數量減少，嗣後自當照數分配。第二項酒精原料蜜糖，以開放競購，乾酒則青黃不接，以致價格飛漲，已由經濟部召集會商平抑辦法，並將各方應攤酒精重新分配。

三、後方勤務部鐵運處張副處長報告

1. 粵漢、湘桂兩線山洪暴發，湘江大橋被水沖斷，

現在趕修中。

2. 黔桂路已通至獨山，預定七月一日開始軍運，
   亦以雨水過多，路基沖毀，未能如期開辦。

3. 粵漢、湘桂、隴海、川滇、滇越各路軍品部隊
   輸運情形。

四、路政司楊司長報告

1. 關於滇越鐵路接收辦法，現由外交、交通兩部
   會商請示中。

2. 黔桂路獨山－都勻－貴陽，以預算未奉核定，
   尚未興工。

五、液委會盛組長報告

國內機油缺乏情勢嚴重，已申請撥給空運噸位以
便運輸，請早日核定，俾資接濟。

散會

軍事委員會運輸會議物資內運優先管制會議第二十五次會議紀錄

日期　民國 32 年 7 月 17 日下午 3 時

地點　會議廳

出席　錢大鈞　項雄霄

　　　潘光迥　汪英賓

　　　高大經　童季齡（閻子素代）

　　　陳　璞　沈克非（舒昌譽代）

　　　王景錄　盛祖鈞

　　　周德鴻　吳中林

　　　吳競清　金士宣

　　　蔣易均　楊繼曾

　　　陳菊如　徐允鰲

列席　何墨林　周賢頌

　　　程威廉　許詒勳

主席　錢大鈞

紀錄　徐允鰲

甲、報告事項

A. 主席報告

（1）本星期之例會因有其他事務，故改在本日舉行。

（2）宣讀上次會議紀錄。

B. 中航公司高主任報告

（1）本月運量，截至十六日已運四八九噸三六六公斤，照此推計可達九百噸左右。

（2）十四、十五、十六，三天內，回印運輸機共有二
　　　十七架，因無出口貨物資裝運，均空飛，有十
　　　架雖裝載亦不滿。

C. 交通司王司長報告

查四、五、六、七數月內本司存印物資因受東運困
難及減少噸位之影響，內運極微，以致國內必需之
通訊器材不能維持最低之要求，現奉委座諭配發各
軍師部手搖式無線電收音機八百套，並奉總長諭速
將存印租借案 V-100 15-W 無線電報話機壹千部在八
月份內運齊，九月中配備完成，又因各部隊經常必
須之通訊設備已無法維持，而所得噸位極少，勢難
達成使命，擬請將八月份本司內運比率增至百分之
二十，以免貽誤。

D. 公路總局汪祕書主任報告

目前機油缺乏已成極嚴重問題，若不設法內運，勢
將行車停駛，而對於各項任務未能完成，現估計每
月最低現度必須二百噸方能濟事，希望調整八月份
噸位，特予配列。

E. 資委會蔣處長報告

（1）關於分配八月份中航噸位內甘肅油礦局之汽油
　　　精仍請配列。

（2）出口物資之缺乏有原因兩點：

　　　一、因公路運輸困難，不能啣接。

　　　二、因目前存印器材未能大量運入，致對各廠
　　　　　產量逐漸減低，若不速謀補救，深恐有全
　　　　　部停頓之虞。

乙、 討論決定事項

（一）史迪威將軍來函不同意配運中航公司客機用汽
　　　油並建議擔負此項任務之運輸機可於現行合約
　　　內提出案

決議：

（1）先照本處原簽意見答復。

（2）由交通部研究在合約內提出飛機問題，在未得任
　　　何結果以前，對中航用油仍須維持。

（二）核定八月份中航機內運比率案

　　　　1. 兵工原料　　　　　　　　25%

　　　　2. 鈔券及其器材　　　　　　20%

　　　　3. 航空器材　　　　　　　　5%

　　　　（不足數以美撥專機自運）

　　　　4. 交通司物資　　　　　　　12%

　　　　5. 交通部物資　　　　　　　12%

　　　　（部屬各項材料、汽車配件各　6%）

　　　　6. 醫藥及其器材　　　　　　6%

　　　　（軍醫署、衛生署各 3%）

　　　　7. 軍需被服　　　　　　　　5%

　　　　8. 汽車用機油　　　　　　　3%

　　　　（軍公運輸各半，並由液委會負責籌運）

　　　　9. 經濟部物資　　　　　　　4%

　　　　10. 財政部物資　　　　　　　2%

　　　　（包括鋼纜及其他各項）

　　　　11. 其他　　　　　　　　　　6%

兵工署楊司長報告：

關於兵工原料在八月份內已由史迪威將軍與總長商定於中航機內配運 400 噸，現定 25%，假定以 800 噸基數實施，則僅及半數，恐影響原定計劃，應請重予調整。

航委會購料委員會周主任委員報告：

本會方面雖近由美國指撥運輸機，但事實上現只收到一架，仍不能計劃運用，故對航空器材比率應請維持過去原數。

液委會盛組長報告：

機油恐慌達於極點，現雖配到 3%，但距實際所需尚遠，可否在其他項下酌予撥給，以資補救。

主席答復：

此次調整比率原已先經總長同意，現據各位報告情形，當再呈請總長核示後再作決定。

散會

軍事委員會運輸會議物資內運優先管制會議第二十六次會議紀錄

日期　民國 32 年 7 月 27 日下午 4 點半

地點　會議廳

出席　錢大鈞　　　　　　　項雄霄

　　　潘光迥　　　　　　　楊繼曾

　　　童季齡（閻子素代）　沈克非（舒昌譽代）

　　　吳競清　　　　　　　汪英賓

　　　王承黻（高大經代）　陳菊如

　　　周德鴻　　　　　　　劉傳書

　　　蔣易均　　　　　　　鄭達生（液委會）

　　　徐允鰲

列席　程威廉

主席　錢大鈞

紀錄　徐允鰲

甲、報告事項

A. 主席報告

宣讀上次會議紀錄。

B. 交通部吳司長報告

關於八月份中航機空運噸位，本部所得 12% 內汽車配件部份，仍由本部自行分配。

C. 中航公司高主任報告

（1）七月份運量，截至廿六日為止已達八四二噸四五九公斤。

（2）十七至廿六日十天內返印回空機共一八〇架，
　　　內中有七〇架因無物資裝運，空飛。

乙、 討論決定事項

（一）國防供應公司交通部提議關於俄方所需輪胎
　　　7500套須於我國存印物資中撥給案

決議：

（1）先請航委會核付。

（2）電宋部長說明過去與目前不同情況，且今後輪胎產
　　　量與運供均將減少，請其向美交涉仍隨車配備。

（二）軍事委員會電飭優先配運滇西防空用銅線九仟
　　　公斤案

決議：

於八月份中航機其他項下照數配列，提前內運。

臨時動議

下次優先會議（第二十七次）暫改每星期二上午九時
舉行。

散會

軍事委員會運輸會議物資內運優先管制會議第二十七次會議紀錄

日期　民國 32 年 8 月 3 日上午 9 時

地點　會議廳

出席　錢大鈞　項雄霄　　　潘光迥　楊繼曾

　　　陳菊如　童季齡（閻子素代）

　　　沈克非　蔣易均　　　王景錄　周德鴻（楊傳久代）

　　　金士宣　汪英賓　　　吳中林　王承黻（高大經代）

　　　吳競清（汪竹一代）　陳　璞

　　　劉傳書（王潤生代）　鄭達生

列席　陳廷縝　許詒勳　　　程威廉

甲、 報告事項

A. 主席報告

（1）宣讀上次會議紀錄。

（2）交通部僉航空渝代電答復關於美方建議擔負中航運油之飛機於八月一日自合同中提出一點，本部認為如果能使用合同以外之飛機，自毋庸再在合同中提出，至於美方建議涉及廢約一節，本部認為現尚不宜廢除。

B. 項副祕書長報告

奉總長交下委座手令一件，飭運西南公路運輸局所需汽車配件，於八、九，二個月，每月 30 噸為整修卡車 500 輛之用，經查八月份中航機比率交通部 12% 項下原已分有汽車配件 6%，以 800 噸基數計算

可運 48 噸，惟上次會議據交通部吳司長報告仍須自
行分配一節，為求達成委座令飭內運數量，並應付
目前實際需要起見，故對原定 6% 之比率不能變動，
而將上項內運之配件儘先供應西南運輸局。

C. 交通部汪幫辦報告

關於項副祕書長報告奉委座飭運配件情形自應遵辦，
惟上次吳司長所稱仍由本部自行分配一節，原亦根據
各種材料需要情況有必須自行決定之界說，現吳司
長因事未能出席，似請重作決定。

D. 中航公司高主任報告

（1）七月份中航機運量共計 998 噸 756 公斤。

（2）八月份因待修之機較多，故未必能達此數，但
預料亦可在 900 噸左右。

（3）上月廿七日至卅一日五天內回程機計有卅五架
空飛。

（4）接定疆站報告，關於本公司八月份汽油，美軍
方面尚無繼續准運之消息。

E. 資源委員會蔣處長報告

關於本會方面由昆出口物資，在過去平均每月 1500
噸左右，至五月以後則逐漸減少，其原因如下：

（1）公路運輸程序不能以礦產品列為優先，而美軍
空運則以鎢砂為主，故陸空未能配合，此後應
請公路局協助。

（2）公路運價逐步上漲，礦產運費係由國庫負擔，
在未追加預算前週轉不靈，付現困難，此後於
必要時請准記帳。

（3）開礦工作必須各項機件器材，現在所得空運噸位
　　　有限，未能儘量內運配屬，致各礦逐漸減產，故
　　　請將經濟部之噸位予以增加。

F. 潘參事報告關於出口物資缺乏問題，凡對同盟國需
　要之物資似應儘量獎勵出口，俾使回空機得以利用，
　似不能僅以目前規定之品種為限，可否請由經濟部
　方面加以研究。

主席答復：

（1）經濟部內運噸位不敷，如確有急要時，可酌予設
　　　法補給。

（2）本會只付內運物資之管制，出口部份應歸何機關
　　　統籌配備，可提出運輸會議解決。

乙、 討論決定事項

一、周區代表午陷電報告飭運滇西架設防空情報網所
　　需銅線九噸已列入航委會比率項下其他噸位只有
　　五噸應否改列請核示案

決議：

以五噸在其他項下配運，四噸在航委會比率內配運。

二、經濟部中國植物油料廠請於九月份試運桂油兩噸
　　出口案

決議：

逕向經濟部呈請。

三、主席提示關於俄方需要輪胎 2500 套由我存印物資
　　中撥給一案，請航委會從速核復。

散會

軍事委員會運輸會議物資內運優先管制會議第二十八次會議紀錄

日期　民國 32 年 8 月 10 日上午 9 時

地點　會議廳

出席　錢大鈞　項雄霄　潘光迥

　　　王景錄　吳競清　王承黻（高大經代）

　　　汪英賓　沈克非　劉傳書（王潤生代）

　　　蔣易均　童季齡（閻子素代）

　　　陳菊如　周德鴻　金士宣

　　　徐允鰲　楊繼曾

列席　何墨林　陳廷縝　舒昌譽

　　　許詒勳

主席　錢大鈞

紀錄　徐允鰲

甲、　報告事項

（A）主席報告

　　1. 宣讀上次會議紀錄。

　　2. 周區代表電告，七月份中航機運量九九八噸五三一公斤（較高主任上次報告短少 225 公斤），其細數如下：美空軍補上月 72，兵署補上月 12、本月 143.971，鈔券 166.316，航委會 121.316，交司 17.070，交部 17.382，財部 7.108，軍需 17.008，衛生 5.096，經濟 8.355，其他 65.537 計開中航汽油 39.453、中央汽油

10.037、甘礦局 2.045、英使館 1.010、廣播處 .866、新檢局 .205、美軍用品 11.121。

3. 周區代表魚電報告汽車配件於八月份分配輪胎 38 噸、零件 10 噸，至微日止已運出十八噸半。

4. 准行政院祕書處抄宋部長七月皓電節稱，存印輪胎一千一百八十噸，大部份原屬各機關申請之件，非專備配置貸借案新車，其他機關需用本可逕向原申請機關通融撥借，即使另行採購，同屬無法內運，仍不免積存印度，假道伊俄運輸不久或可開始，除何總長於第一、二兩批優先噸位單內核定運入輪胎六百噸外，其餘仍可陸續內運，至將來運抵國內之後支配應用問題，亦頗複雜，前曾屢向有關機關提議組織配件委員會專責辦理配件、輪胎之統一保管、分配、申請事項，更有迅速成立之必要。

（B）交通部吳司長

關於轉奉委座飭於八、九兩月內在本部所得 12% 項下汽車配件 6% 部份每月撥供西南運輸局 30 噸，當遵辦，惟因此各項材料減少，應請設法補給。

（C）中航公司高主任報告

1. 本月份一日至八日運量三〇七噸七八八公斤。

2. 回程機有六十架空飛。

　　　3. 七月份內運汽油共 234 桶，除七十二桶已被美
　　　　軍部扣留外，其餘 162 桶亦欲向公司追繳。

　　　4. 此項油料並非租借物資，係本公司在印向美
　　　　孚行價購。

（D）經濟部蔣處長報告

　　　上次會議紀錄本人報告第（2）項「未便隨時追加
　　　預算」請改為「在未追加預算前」，又「此後請
　　　准記帳」句請改「此後必要時請准記帳」。

乙、 討論決定事項

（1）美軍總部答覆關於中航公司用油仍不能同意配運
　　　七月份扣留之七十二桶亦不允發還案應如何交涉
　　　請公決案

決議：

請中航公司備就報告來處再行研究交涉方策。

（2）行政院來函為據資源委員會請轉商撥借輪胎貳千
　　　套俟美購輪胎運印後撥還案

決議：

參照宋部長七月皓電，原則可由資委會逕洽交通部公路
總局在中運公司及西南運輸處存胎項下商借。

（3）交通部提議關於中央航空公司用油請增至每月
　　　十五噸案

決議：

俟中航公司運油問題解決後再議。

（4）運輸會議發下秦次長提案關於請自八月份起指撥
　　甘肅油礦局器材內運噸位以利增產案

決議：

於本月其他項下如未及運到或有缺額部份，酌為設法，
但須稍緩再定。

散會

資源委員會駐印三代表運輸會議報告

日期　民國 32 年 8 月 12 日（開會日期 5 月 25 日至 6 月 4 日）

地點　卡拉蚩

人員　夏憲講　歐陽藻　孫乃騄

報告

（I）印幣經費之攤算（凡印境內代表處所需之經常費
　　　均屬之）

　　　（甲）計算年月

　　　　　　（一）卅一年元月至六月所有在印開支，應
　　　　　　　　　以本會出口、進口兩部份各半分攤
　　　　　　　　　之，至進口器材之計算，則應以存印
　　　　　　　　　器材七月份結存噸位比例分攤之。

　　　　　　（二）駐印三代表處六月份以後所有經費，
　　　　　　　　　自卅一年七月份起始，擬照每月結存
　　　　　　　　　噸位，根據大會規定「收費辦法」計
　　　　　　　　　算分攤之。

　　　（乙）運費種類

　　　　　　凡自印內運器材所發生運費，可以根據分
　　　　　　攤手續費者，有以下三種：

　　　　　　（一）美軍經手交中航公司機運昆器材運費
　　　　　　　　　之百分之五手續費。

　　　　　　（二）各代表逕予交中航客機內運器材運費
　　　　　　　　　之百份之五手續費。

　　　　　　（三）凡印境內水陸空自己交運付現運費之

百分之五手續費，按大會規定「收費辦法」，並未包括該項在內，似應指明加收。

（丙）計算標準

（一）運往國內器材重量標準

空運國內器材「噸量」以美方運出報告重量為標準（中航運費之計算係根據美方報告重量為標準，代表處對外並不發生直接關係，惟有以交通部代表轉來之美方報告重量為計算根據）。

（二）國外運抵印境器材重量標準

（A）凡運抵印境器材常有無重量者，而提儲內運復不由各代表經手，欲得準確重量，事實上竟不可能，為簡單迅速計，暫規定以每件估計壹百磅計算之，惟運出印境時仍以按美方或中航報告實際重量計算運費。

（B）凡運抵印境器材噸量常有與實際重量有出入者，結算每月滾存數量以作分攤經費時，應以美方庫存紀錄重量為標準，但在未接到交通部代表送來美方「進貨清單」前，各代表編造到印器材表報時，得根據進口輪船載貨報告內重量填造之，

其間有不明瞭者，惟有照（A）
項辦法估計之。

（三）按月存印器材重量標準

存印器材每月結存實際噸量，因負責
儲運之英美兩方及編造表報之交通部
代表方面稽延製造每月結存噸量表
報，各代表處每感無準確滾存數量，
俾作計算手續費之依據（例如交通部
西區代表處迄未將各機關每月結存噸
量按月送來），為避免運務處收費延
遲起見，凡各代表處未接交通部代表
處正式通知之噸量，概不列入。

倘照運務處規定全部器材每月滾存噸
量即為三代表處每月滾存噸量之總
和，實不足以代表實際總噸量，為統
計全部印境內每月滾存數量，及避免
印境內轉運在途物資之遺漏起見（存
途物資噸量甚巨），加總代表處應加
編全印總滾存噸量表。

（丁）統計及表報

（一）根據上述原則特製定之以下統計表報
兩種（全印器材數量分戶月報、全印
器材收費月報總表），由加處運輸及
會計人員編造之。

（二）遺失、移用、轉讓之物資，應分別編
造 O. C. Lists，由三代表處分別填造

之，但計算滾存數量時，應計算在內。

（三）凡物主不明之器材，其表報照編，但
　　不攤算費用，以免整個料帳久懸。

（II）土西路線之籌運及準備

（甲）土西路籌運近況

（一）根據沈總代表卅二年五月十日祕字
　　2684號復函內稱各點，摘要如下：

（a）印伊鐵路：月可九千噸。

（b）伊俄公路：月可增至五仟噸。

（c）俄國鐵路：運量無問題，其他
　　問題不明。

（d）俄邊境至哈密，哈密至蘭州：
　　美國自五月起，每月撥給卡車二
　　百輛，不久即可運出（實際上第
　　一批車輛約六月底後始運到，在
　　未到前由英方暫撥借若干輛）。

（e）以車輛運到及裝配內駛等所需時
　　日計算，土西路線正式開運，恐
　　非俟三、四個月後，不能實現。

（乙）土西路開運前本部會應有之準備

（一）噸量支配

每月二千噸之先後程序，原可由沈總
代表處分配，近據其面告，擬仍由重
慶方面決定之，果係如此，本部會究
應如何洽得噸位，仍請大會、大處在

渝辦理之。

（二）本會器材配運

甘礦局器材以外其他礦廠之器材，應
否亦隨時交運，仍請大會另開清單決
定，以便遵照交運。

（三）重量規定

本部會配運清單內如若干項目不能符
合 UKCC 公司每件不得超過一千磅
（並希望以人力可抬較輕之件為宜，
因無起重設備），及其他之規定時，
是否由駐卡代表處斟酌實際情形，隨
時決定支配之。

（四）印境外之聯繫

土西路逕過數國，路線奇長，沿線轉
運交接地點亦甚繁多，照料問題因種
種關係，至為艱難，將來交通部對該
線究採何項組織，以資推動，尚未明
瞭，凡關於在印境外事部會器材查詢
及聯繫事宜，應請會處另設組織專
理之。

（五）改裝問題

土西路開運在即，凡關於器材出口、
進口業務，將日增繁劇，改裝工作事
關技術，尤稱重要，倘不急謀解決，
存卡器材竟患有無法交運之困難。是
以，應請會處速派英文具有根底，熟

悉運輸，富有工程經驗之副工程師一人，來卡主持之，否則土西路內運將無法推動。

（六）押運問題

奉大會翁、錢主任委員效代電飭，關於第一批器材應派甘礦局留印人員一人押運，以後隨到隨運，毋須押運。

（七）表報寄送

表報寄送地點，東路以昆明為國內收運地點者，土西路方面將■■州為收運地點，按現辦法，起運地點應送該處運貨通知書一份。

（八）運費計算

由土西路內運器材，應如何向各廠礦攤收手續費，請大會、大處另訂之。

（Ⅲ）駐印三代表處人手補充問題

（甲）駐印三代表處之組織章程、人員名額迄未奉明令規定，各項業務表報及催收運費資料尚未能按期編造及供給，因之應向各廠礦攤收運費手續費，大處至今仍無法按期清算，而各代表處所缺乏人手，又非在印度可以添僱，根據目現推動運務及攤收運費手續費之需要，各代表處所缺人手亟應請大處從速補充，以免延誤。

（乙）卡代表處因土西路開運在即，人手補充問

題尤稱嚴重，有急待解決之必要，否則責
任綦重，卡代表處無以勝任，應請大處速
謀解決。

資源委員會核定

（甲）關於印幣經費之攤算

（一）凡印境內水陸空自己交運運費付現之器
材，准按運費額加收百分之五之手續費。

（二）加總代表處編造之全印每月總滾存噸量
表，應加繕一份呈會備查。

（乙）關於土西線之籌運及準備

（一）甘礦局以外其他礦廠之器材，自應同樣
交運，運輸次序清單除第一批業以資（卅
二）料字第九八一二號歌代電寄交該代
表等外，餘俟開運後視實際運量及情形
再行酌定飭知。

（二）土西線內運器材因重量限制，或有其他
規定，望仍應按照本會開交之配運清單
範圍內支配之。

（三）關於印境外之聯繫問題，以另飭運務處
妥擬報核。

（四）關於存印擬由土西路內運器材之改裝問
題，甘肅油礦局部份，前經電知即洽該
局駐印人員辦理，其他廠礦器材應俟該
路開運後，如起重設備等仍無辦法，當
再行酌定辦理。

（五）交由土西路內運器材，准按運費數額另
　　　行加收百分之二之手續費。

（六）該代表處等之人員名額，前核定各該處
　　　之經常費預算時，業經併案核定，至卡
　　　處人手不敷，已另飭運務處在各該處經
　　　常費預算範圍內迅予添派人員補充。

（七）其餘各項准照該代表等會議決定辦理。
　　　除飭運務處知照並核擬具報外，合行電仰
　　　遵照。

軍事委員會運輸會議物資內運優先管制會議第二十九次會議紀錄

日期　民國 32 年 8 月 23 日上午 9 時

地點　會議廳

出席　錢大鈞　項雄霄　　潘光迴　楊繼曾　汪英賓

　　　童季齡（閻子素代）　高大經　吳中林　王景錄

　　　陳　璞（施震球代）　盛祖鈞（鄭達生代）

　　　金士宣　吳競清　　沈克非（舒昌譽代）

　　　陳菊如　蔣易均　　徐允鰲

列席　陳長桐　陳廷縝　　許詒勳　張頸聯

主席　錢大鈞

紀錄　徐允鰲

甲、 報告事項

A. 主席報告

（1）宣讀上次會議紀錄。

（2）據東區代表辦公處未震（十二）電報告，中航機四十八號於真（十一）日飛昆途中失事，人機俱燬，內載軍需署卡其布貳拾包、兵工署紫銅三塊。

（3）關於美方堅持反對中航機載運公司自用汽油，並據沈總代表文電報告中央公司用油亦一律停運，茲經擬定暫時補救辦法如下：

　　一、向交通部建議由中航公司抽撥客機一架，並由中央航空公司將停航之機撥出一架，

暫負內運自用汽油之任務。

二、中航公司電印內飛客機空餘噸位儘量利用
　　附載自用汽油。

三、以後美撥新運輸機有續到時，准提撥一、
　　二架為專供中航及中央兩公司運油之需。

四、中航公司到昆汽油七十二桶被美方扣留案，
　　已請總長函史迪威將軍重行交涉發還，其
　　餘一六二桶亦經聲明不能交出。

（4）八月份中航機超額噸位及其他項下停運中航、
　　中央汽油噸位，經奉總長核定增配各類急要物
　　資如下：

　　超額部份

　　A. 兵工廠原料　　　　　　180 噸

　　B. 軍用醫藥　　　　　　　20 噸

　　C. 軍用通信器材　　　　　50 噸

　　D. 軍需被服　　　　　　　50 噸

　　如上項超額不能達成預期數量時，則須依序
　　遞減。

　　停用汽油部份

　　A. 交通部配件總庫汽車配件　12 噸

　　B. 汽車用機油　　　　　　　8 噸

　　C. 經濟部工業器材　　　　　11 噸

　　以上增配噸位已分電駐印代表照辦，並通知各
　　物資機關在案。

（5）九月分內運噸位以一千噸為基數，亦奉總長核
　　定調整比率如下：

一、兵工原料　　30%

二、鈔券及其器材　18%

三、航空器材　　　4%

四、交通司物資　　12%

五、交通部物資　　12%

六、醫藥及其器材　6%

　　（軍醫署、衛生署各半）

七、軍需被服　　　5%

八、汽車用機油　　3%

九、經濟部物資　　5%

十、財政部物資　　2%

十一、其他　　　　3%

此項比率經奉總長特別提示，「九月份運量不足 900 噸時，亦須運足鈔券 160 噸，又中航及中央航空公司汽油如何解決，商交通部切實提供意見以便交涉」。

B. 兵工署楊司長報告

本署兵工原料在最近數月內最低限度每月須有 650 噸始能應付，一方面經向美軍交涉，雖允酌為帶運，但於短期內並無希望，故應請將中航機隊比率設法提高，寧願在以後減少，九月份既已核定，自未變更，惟不得不提出說明。

C. 中航公司高主任報告

（1）八月份運量截至廿二日止八八零噸一七三公斤。

（2）十六日至廿一日止有回空機七架無物資出口。

D. 主席補充報告

交通部來函以中航貨機七月中旬至八月上旬空機飛返丁江竟達 223 架，囑為提出報告，請出口物資機關注意，並查明不及配達之原因及其責任等由，但在內運噸為逐月增高之際，而出口物資有一定之運交數量，似此情形自難合理解決。

乙、 討論決定事項

（一）兵工署楊司長提議關於過去在本署空運噸位內曾附運一部份汽車用油當時此項汽油係向英方存印物料中撥借現外事局根據英方要求屢向本署索還因目前並無汽油內運不能照辦可否請由液委會將甘肅油酌量劃撥案

決議：

告知外事局暫時無法撥還（但請兵工署備函來會，以便根據轉達）。

（二）交通司王司長提議目前汽車用油確極恐慌可否交涉內運補給案

決議：

另行酌辦。

（三）沈總代表簽呈關於美租借法案物資內運及美方扣用問題建議意見三項應如何決定案

決議：

交通部召開會議擬具方案報核，再憑交涉。

散會

軍事委員會運輸會議物資內運優先管制會議第三十次會議紀錄

日期　民國 32 年 8 月 31 日上午 9 時

地點　會議廳

出席　錢大鈞　　　　　　項雄霄

　　　童季齡（閻子素代）　周德鴻

　　　王景錄（許詒勳代）　楊繼曾

　　　陳　璞（施震球代）　李吉辰（高大經代）

　　　金士宣　　　　　　陳菊如

　　　汪英賓　　　　　　吳競清

　　　沈克非　　　　　　鄭達生

　　　蔣易均　　　　　　徐允鰲

　　　潘光迥

列席　舒昌譽　　　　　　程威廉

主席　錢大鈞

紀錄　徐允鰲

甲、報告事項

A. 主席報告

（1）宣讀上次會議紀錄。

（2）周區代表艷電報告，八月份中航運截至廿八日止共運 1050.5 噸，計開兵署器材 368 噸，鈔券 169，航委會器材 44，交司器材 111，交部器材 67.5，配件總庫器材 55，軍醫署 25，衛生署 25，軍需署 100 內借用政治部、軍令部及調查統

計局共 6 噸，液委會機油 28，經濟部器材 33，
財政部鋼繩 16.5，甘礦局汽油精 2.5，教部 .5，
英大使館 1，廣播處 1.5，美軍用品 9。

（3）七月份美軍機運量（略）。

（4）據滇緬公路運輸局報告滇西架設防空情報網所
需銅線九噸，已於本月銑（十六）日由中航機
運到 57 捲，當被美軍扣存，除向美軍交涉俟發
還即交趙專員外，請在渝提向美軍部同時交涉
等情，此事請航委會擬具報告請總長交涉。

B. 中航公司高主任報告

（1）八月份中航運量，公司方面所得報告截至廿九
日止共運一一二五噸另六七公斤。

（2）廿三日至廿八日有回程機二十架空飛。

C. 交通部金參事報告

關於美方反對載運中航及中央兩航空公司用油問題，
本部方面已根據上次決議各點，分別另函作覆。

乙、 討論決定事項

經濟部來函為根據生產會議決議統籌購辦國外器材及增
強運輸案關於工業器材原料之內運請按月另撥噸位由。

決議：

提供下次修正百分此時參考酌辦。

散會

軍事委員會運輸會議物資內運優先管制會議第三十一次會議紀錄

日期　民國 32 年 9 月 7 日

地點　會議廳

出席　項雄霄　潘光迥　　童季齡（閻子素代）

　　　蔣易均　陳　璞（張文翰代）　汪英賓

　　　李吉辰（高大經代）　楊繼曾　劉傳書

　　　陳菊如　吳中林　　王景錄　吳競清

　　　周德鴻　盛祖鈞　　徐允鰲

列席　程威廉　張頸聯

主席　錢大鈞

紀錄　徐允鰲

甲、　報告事項

（A）主席報告

　　1. 宣讀上次會議紀錄。

　　2. 周區代表八月廿九日報告，八月份其他項下配運之軍令部、政治部及軍委會調查統計局電信器材共六噸，因均未到狄，無法配列，經將此項噸位借與軍需署增運服裝，俟九月份該項器材趕到時，仍由該署撥還內運。

　　3. 經濟部來函答復關於空運出口物資未能充分利用問題，經飭據資委會聲敘困難情形，但正儘量設法增產之中。

    4. 中航公司在昆被扣汽油，經請總長重行提出
       交涉後，已得美軍部同意發還，但要求公司
       方面償付運費。

（B）中航公司高主任報告
    1. 八月份內運總額為一一六五噸二八三公斤。
    2. 九月一日至五日運量一六四噸。
    3. 關於由定疆裝機起運數量與到昆數量時有不
       符情形，經飭據本公司定疆辦事處報告，由
       定運昆物資每次均由該處員工於裝機前後點
       驗清楚，但美軍裝機人員每於裝妥點畢後擅
       行臨時卸下或加裝，而不通知該處，以致發
       生不符情事，刻正商洽改善中。

乙、討論決定事項

（1）奉總長諭美撥新運輸機七架已有於最近交到消息
      飭擬管理運用方案奉批洽詢交通部航委會意見後
      再酌等因應如何決定請公決案

決議：

此項運輸機如由我方管理時，其所需人員、配件、油料
之來源有無問題，先請交通部、航委會及中航公司核復
具體意見，再憑酌辦。

（2）奉交航委會報告為本月所得空運噸位過少擬就補
      救辦法報請核示案

決議：

（1）仍以美撥該會新運機自運配件不全，亦請該會向
      美軍切實交涉。

（2）所請補給噸位，俟下半月運量如何，在可能範圍
　　　內再行酌辦。

（3）請自十月份提高比率，須待屆時是否修訂而定。

丙、臨時動議

下星期二起開會時間改為下午三點。

散會

軍事委員會運輸會議物資內運優先管制會議第三十二次會議紀錄

日期　民國 32 年 9 月 21 日下午 3 時

地點　會議廳

出席　項雄霄　　　　　　　王景錄

　　　童季齡（閻子素代）　楊繼曾

　　　蔣易均　　　　　　　周德鴻

　　　陳菊如　　　　　　　盛祖鈞

　　　金士宣　　　　　　　吳競清

　　　劉傳書　　　　　　　李吉辰（高大經代）

　　　徐允鰲

主席　項雄霄

紀錄　徐允鰲

列席　李廷弼　　　　　　　許詒勳

　　　程威廉

甲、報告事項

A. 主席報告

（1）宣讀上次會議紀錄。

（2）本月九日經電周區代表，本月份遇有不及趕運之物資，並其他項下除已配定以外之餘額，悉准改運機油，此事並經抄知交通司、液委會及公路總局在案。

（3）准交通部函告關於沈總代表建議到印租借案物資扣撥補救辦法，經與各有關機關會商，決定

事項如下：

（甲）治本辦法

請運輸會議陳請總長轉呈委座將物主權設法解決，在未獲得根本解決前，先向美方申明屬 UTC、BCL 項下物資，不能干涉扣發。

（乙）治標方案

（1）XY 案內所需物資，一部份已由美軍申請，其屬該案所需而未申請者，應請美軍擬定整個計劃，以迅速方法向美軍部申請提前運印，在請購未到前，其緊急需用物資可以借用，但須事先會同我方有關部份商洽，並於運到後立即補還。

（2）借用時應注意下列各點：

（A）國內所需最低限度之物資必須保留，不得借撥。

（B）特種材料不得借撥。

（C）到昆物資不得扣撥。

（3）健全本身機構辦法，由交通部計劃擬定。

查上項決定意見，本處方面事先曾擬定會同管理之要旨三項，簽請總長提向美方交涉在案，其內容大致與交通部會議決定之原則相同，擬俟獲有結果再併案檢討。

B. 中航公司高主任報告

　本月運量一日至十九日共運六六四噸二〇〇公斤。

C. 航委會購料委員會周主任委員報告

　（1）美撥新運輸機，因配件缺乏，尚難運用。

　（2）九月份如有超額噸位，仍請補給，十月份比例
　　　亦請設法提高。

乙、 討論決定事項

（1）奉總長核定十月份中航機內運噸位仍以一千噸
　　為基數，各項比例除以交通司與交通部原定各得
　　12% 項下各抽減一位，以其增給機油噸位共成 5%
　　外，其餘悉照九月份原表實施，並仍分列如下：

　　一、兵工原料　　　　30%

　　二、鈔券及其器材　　18%

　　三、航空器材　　　　4%

　　四、交通司物資　　　11%

　　五、交通部物資　　　11%

　　六、醫藥及其器材　　6%

　　　　（軍醫署、衛生署各 3%）

　　七、軍需被服　　　　5%

　　八、汽車用機油　　　5%

　　　　（指定軍公運輸用各半，由液委會負責收發）

　　九、經濟部物資　　　5%

　　十、財政部物資　　　2%

　　十一、其他　　　　　3%

上項比例中，機油噸位稍增，但照目前需要仍感
不敷，可在其他項下酌予增撥，至如交通司與交通
部因此減弱之數，如有超額時，可設法補給。

決議：

照核定案實施。

（2）交通司提議土西鐵路假道運輸開始後關於接轉物
資事宜應確定手續五項案

主席答復：

此事實現須有待，本件請交通部公路總局備作參考。

散會

軍事委員會運輸會議物資內運優先管制會議第三十三次會議紀錄

日期　民國 32 年 9 月 28 日下午 3 時

地點　會議廳

出席　錢大鈞　　　　　　　項雄霄

　　　潘光迴　　　　　　　王景錄

　　　楊繼曾　　　　　　　吳競清（汪竹一代）

　　　盛祖鈞　　　　　　　吳中林（陳雲僑代）

　　　周德鴻（孫振先代）　陳　璞（張文翰代）

　　　李吉辰（高大經代）　金士宣

　　　汪英賓　　　　　　　沈克非（舒昌譽代）

　　　劉傳書　　　　　　　蔣易均

　　　童季齡（閻子素代）　陳菊如

　　　徐允鰲

列席　許詒勳　　　　　　　程威廉

主席　錢大鈞

紀錄　徐允鰲

甲、報告事項

A. 主席報告

　1. 宣讀上次會議紀錄。

　2. 據周區代表養、梗兩日先後報告，美供應部奉渝方電令，九月份以中航機百分之十五（即 150 噸）運我空軍汽油，截至養日已運 54 噸，以致影響本月比例至鉅，該項汽油本歸美機裝運，請商美方

在十月份補還我政府缺額等情，當以月終已屆，調整或制止均已不及，經奉總長核定函史迪威將軍：

（一）此次姑准照辦，此項缺額必須在十月份由美機補足。

（二）此後任何變更務必事先徵得我方同意。

3. 據中航公司報告，各站用油恐慌，均將無法維持，請向美軍交涉撥機專運接濟一案，經奉總長核准函史迪威將軍：

（一）就新到補充該公司之運輸機內留撥兩架交該公司自行管理，專任運油工作，但如遇敷餘噸位，仍搭運其他軍品。

（二）上項辦法如仍有困難，則仍准在其貨運噸位內酌配油料，由公司償付運費。

以上兩項究以何項為宜，請其答復。

4. 奉總長辦公室抄送九月廿二日派員與美供應部塔特上校對於中航公司油機等問題譚話紀錄：

（一）中航商用機始終保持三架，如有損失由美方補足。

（二）合同第二條加以修正，將合同以外另撥委座之五機亦併入合同之內。

（三）現有合同機已達 33 架，應適時調整其運費。

（四）中航所需商用油可由阿山省發售，但須提供消耗數量以便核定。

（五）飛行宜賓問題

1. 不指定任何五機專飛宜賓，而必須每天以五個來回程為限，其待遇與合同機相同，

由美供給汽油、零件。

2. 在定疆上機後之貨物，即不由美軍負責。

3. 航委會及中航公司負地上一切責任。

4. 由宜賓至定江之回程，應如合同第三條載貨，但戰略軍品應優先載運美國經濟作戰部物資。

5. 免費供給汽油不能多於由定江飛昆明之數量，如有超出應由中國負責。

6. 十月一日起實行亦可。

說明：此項紀要係屬非正式談話結果，其進行步驟尚有以下各點：

（一）由總長正式函史將軍交換意見。

（二）美方欲將另撥之五機併入合同，必須由航委會核復意見再呈委座核定後方可遵辦。

（三）電宋部長洽詢飛行宜賓之機，美方是否確能與合同機同樣供給汽油與另件。

故對十月一日起可以實行一節，決不可能且須有待。

B. 徐祕書允鰲報告奉派參加交通部水陸空聯運委員會星期一（二十七日）下午三時召開增航宜賓準備工作座談會經過

甲、提供意見（略）

乙、決議要點

（一）進口物資優先程序請由本日優先會議核定。

（二）宜賓機場進出口物資之裝卸，由中航公司與招商局約定在機邊交接。

（三）出口物資照決定後之通則辦理。

（四）因變故而臨時改運宜賓之物資，由交通部另設機構處理。

（五）中航公司、招商局等運輸機關在機場設聯合辦公處，各物資機關必要時得派員駐守，負會同交接貨物及其他聯絡之責。

C. 中航公司報告

1. 九月份運量截至廿六日止九四四噸六〇四公斤。

2. 十五至二十日六天內共有三十五架回空機無出口物資裝運。

乙、 討論決定事項

（一）增航宜賓進口物資以五架計算月約 300 噸優先程序及比例應如何決定案

決議：

1. 運宜物資因並不專指飛機，故仍應包括於定昆比例之內，並以軍品為第一位。

2. 優先物資比例程序及比例如次：

A. 兵工原料　2％（在原比例 30％ 內抽出）

B. 航空器材　4％（原比例之全部）

C. 鈔券　　　6％（在原比例 18％ 內抽出）

3. 如有其他急需物資亦擬運宜時，則可在上列各項內臨時酌讓。

4. 出口物資請交通部商洽主管機關辦理。

主席提示：

此項決定尚須保留，俟正式開運方可公布實施。

（二）中國銀行總管理處函以設立麗江辦事處因無公
　　　路可通請准利用回程機載運公物鈔券案

決議：

1. 先洽航委會此項貨機可否准在麗江降落。

2. 問該處重量若干，是否經常需要，抑只一次。

（三）外交部來函轉據加爾各答總領事館建議調劑中
　　　印商運案內擬利用中航客機空餘噸位准運商貨
　　　問題應如何決定案

決議：

商貨利用航運噸位未便照辦，至如此外擬議，另行研究
答復。

散會

軍事委員會運輸會議物資內運優先管制會議第三十四次會議紀錄

日期　民國 32 年 10 月 5 日下午 3 時

地點　會議廳

出席　項雄霄　　　　　　　潘光迴

　　　王景錄（許詒勳代）　陳菊如

　　　楊繼曾　　　　　　　蔣易均

　　　李吉辰（高大經代）　吳中林

　　　童季齡（閻子素代）　沈克非（舒昌譽代）

　　　盛祖鈞　　　　　　　周德鴻（孫振先代）

　　　汪英賓　　　　　　　吳競清（汪竹一代）

　　　徐允鰲

列席　程威廉

主席　項雄霄

紀錄　徐允鰲

甲、報告事項

A. 主席報告

（1）宣讀上次會議紀錄。

（2）據周區代表九月卅日電報，九月份中航機運量截至卅日中午共運 1110 噸 962 公斤，其中被美軍誤佔空軍汽油 15%，實運一六〇噸，各機關原定數額大半不足，為糾正計，經商准美軍於十月一、二兩日將不足噸位先行補齊，再開始十月份新噸位。

（3）據周區代表九月廿五日電稱，關於次月優先程序及比例，原經規定應在上月廿五日決定通知，嗣後各機關本身配備噸位既經決定者，未便隨時要求變更，並亦必須於月前通知，以免美方藉口而誤急運等情，請各機關注意。

（4）八月份奉軍委會令飭起運滇西通訊急料九噸中到昆後，被美供應部扣留之銅線五十七捲，經向交涉後，業已據報發還。

B. 中航公司高主任報告

（1）九月份總運量共計一一二九噸四〇五公斤。

（2）一個月內回程機共一四五架空飛。

（3）本月份三天運量一一八噸六九公斤。

（4）本星期三派機由渝飛宜賓視察，定於清晨六時起飛，各機關代表請於五時到達機場。

C. 交通部材料司汪代表報告

頃接駐印代表處電告存印 CDS 物資近據美方提出因需留供駐軍需用，將停止內運，根據周區代表所稱通訊材料已首先被美軍扣留，停止裝運等情，此事可否提出討論或請運輸會議指示應付方法。

主席答復：

本處尚未接到是項報告，希望交通部將整個案情函告再核。

乙、 討論決定事項

（1）史迪威將軍九月廿三日來函關於中航公司及中央
　　　航空公司商用汽油允在阿薩姆經美軍供應部核准
　　　配售奉總長批飭洽詢交通部及液委會意見案

決議：

液委會對飛機用油向不負責管制，可將原案抄送交通部
核復。

（2）永利化學工業公司來函有存印重要工業器材約
　　　三二三噸請按月配給空運噸位以利增產案。

決議：

分請財政部、經濟部按月酌核配給，並復逕行洽辦。

散會

軍事委員會運輸會議物資內運優先管制會議第三十五次會議紀錄

日期　民國 32 年 10 月 12 日下午 3 時

地點　會議廳

出席　錢大鈞　　　　　　　項雄霄

　　　金士宣　　　　　　　汪英賓

　　　楊繼曾　　　　　　　童季齡（李獻琛代）

　　　陳菊如　　　　　　　吳競清（汪竹一代）

　　　李吉辰（高大經代）　陳　璞（施震球代）

　　　吳中林　　　　　　　劉傳書

　　　周德鴻（孫振先代）　王景錄（許詒勳代）

　　　沈克非　　　　　　　盛祖鈞

　　　徐允鰲

列席　李振先　　　　　　　程威廉

　　　舒昌譽

主席　錢大鈞

紀錄　徐允鰲

甲、 報告事項

A. 主席宣讀上次會議紀錄

B. 中航公司高主任報告

　　1. 本月一至十日運量 385 噸 896 公斤。

　　2. 本月六日有 69 號回程機一架，裝載鎢砂起飛後，機件發生障礙，即在昆明附近強迫降落，機翼焚毀，機身亦有損壞，但可修理，再飛機師、副飛機

師均負傷。

3. 公司用油近因美駐印軍需長令，均受軍需部統制分配，但中航油並未列入，即前向美孚行定購之三千餘桶，亦將不能內運。

4. 合同機定昆段運費，經由美方付給，每次來回共付美金六百元，現增航宜賓部份，因其里程較定昆稍遠，故用油亦費，每次來回必須超過 175 介侖左右，並另有一部份開支，而美方聲明不承認此項超出費用，但公司方面亦無力賠累，按照實際計算，擬要求物資機關擔任進口每噸美金五百元（如無美金可以官價續付國幣），出口每噸美金二百五十元，但必須以美金付給，至此項運費每三個月調整一次，並要求一律付現，逕付中航公司（註：上項進口運費當時據兵工署、中央銀行及貿易委員會代表答復，大致不成問題，航委會及資委會另商辦理）。

C. 交通部金參事報告

關於宜賓機場增航事宜，經本部水陸空聯運委員會與中航公司、招商局積極準備，大致均已就緒，出口物資亦有繼續運宜，不日即可開始。

主席提示：

請各物資機關趕速聯繫準備。

乙、 討論決定事項

1. 交通部來函據駐印東區代表處報告關於 CDS 通訊器
   材停止內運案係臨時性質其目的在求分別何者應予
   內運何者應就地撥交駐軍案

決議：

仍由交通部與交通司會商決定，如須交涉時亦請提供具
體意見。

2. 交通部來函據沈總代表電告美軍為反攻所需擬即提
   用存印 UTC 項下物資（其中以通訊器材為主）請速
   洽史迪威將軍免予提用以免影響我政府需要案

決議：

簽請總長核示。

3. 奉交熊式輝將軍報告為前駐美軍事代表團有公文書
   籍行李等大小共計十一箱現已由美運抵加爾各答請
   優先空運來渝案

決議：

可在其他項下撥給噸位內運。

散會

軍事委員會運輸會議物資內運優先管制會議第三十六次會議紀錄

日期　民國 32 年 10 月 19 日下午 3 時

地點　會議廳

出席　錢大鈞　　　　　　項雄霄

　　　王景錄　　　　　　楊維曾

　　　蔣易均　　　　　　陳　璞

　　　童季齡（閻子素代）　陳菊如

　　　吳中林　　　　　　吳競清（汪竹一代）

　　　沈克非　　　　　　汪英賓

　　　金士宣　　　　　　徐允鰲

　　　李吉辰（高大經代）　周德鴻（孫振先代）

　　　劉傳書（程威廉代）

列席　舒昌譽　　　　　　許詒勳

主席　錢大鈞

紀錄　徐允鰲

甲、報告事項

A. 主席報告

1. 宣讀上次會議紀錄。

2. 據中航公司函告，本月九日 81 號運輸機由昆飛丁中途，因恐發生意外，拋出鎢沙兩包計 100 公斤，俾便安全飛到。

3. 中航機丁宜航線已於本月十七日（星期日）開航，當日由宜返丁。

B. 中航公司高主任報告

1. 本月運量截至十六日六○○噸三一一公斤。

2. 十七日丁宜線第一次開運，兩架，三八七一公斤。

3. 十七日有 84 號機一架由昆返丁，於起飛後即因機件障礙墜損。

4. 去年度及本年度一、二兩月份各機關應付本公司運費迄未付給，除交通司 200 餘萬已承王司長面允即可撥付外，餘亦請早日清償，至丁宜線運費務請一律付現，俾能維持開支。

乙、 討論決定事項

（1）航委會孫代表提本會在印受訓淘汰學員每月約有六十人擬利用本會物資噸位准予載運返國案

決議：

請航委會正式來函，以憑試洽，至此後應利用自有軍機載運，免遭美方反對。

（2）中國銀行總管理處函復運往麗江辦事處有職員及眷屬人十人並公物行李等共計體重貳千貳百四十一公斤仍請准予利用回程機載運案

決議：

准洽昆明美供應處指定回程機載運。

（3）川康毛線公司有美購鋼絲布一套約重 1355 磅約於十月或十一月到印請准利用中航客機運渝案

決議：

准洽中航帶運。

（4）沈總代表來函據加爾各答華僑服務社請利用回印
運輸機帶運書籍赴印發揚祖國文化撥准酌予免費
運印案

決議：

准洽昆明美供應處同意後再行核復。

（5）公路總局提議向美國定製木炭爐1500套現有49
套到印請在十一月份中航機其他項下撥給20噸內
運案

決議：

准在十一月份其他噸位內核撥。

（6）交通部金參事提議：

一、中央航空公司純係國營事業現因缺乏油料勢
將迫於停辦擬請准將公司用油加入部料噸位
內運救濟案

二、本月份中航噸位仍有超額希望對本部器材擬
請補給案

決議：

一、酌核擬辦。

二、如有超額，首須補足兵料，其次應增運機油。

（7）公路總局提議由印運到昆明機油均被美供應部扣
留擬請交涉發還以應急需案

決議：

准交涉發還。

散會

軍事委員會運輸會議物資內運優先管制會議第三十七次會議紀錄

日期　民國 32 年 10 月 26 日下午 3 時

地點　祕書處會議廳

出席　錢大鈞　　　　　　　項雄霄

　　　童季齡（閻子素代）　周德鴻

　　　何墨林　　　　　　　沈克非（舒昌譽代）

　　　楊繼曾　　　　　　　李吉辰（高大經代）

　　　陳菊如　　　　　　　吳競清（汪竹一代）

　　　蔣易均　　　　　　　汪英賓

　　　王景錄　　　　　　　盛祖鈞

　　　劉傳書（程威廉代）　陳　璞

　　　徐允鰲

列席　周賢頌　　　　　　　許詒勳

　　　繆　通

主席　錢大鈞

紀錄　徐允鰲

甲、報告事項

A. 主席報告

一、宣讀上次會議紀錄。

二、上次交通部金參事提議關於中央航空公司用油請作部料運入案，已由祕書處函請外事局向美供應部試洽。

三、軍需署函告中航公司本年二月份承運該署丁昆
段物資運費美金 91,494.40 元，經於十月六日折
合國幣付給在案。

四、十一月份中航機內運噸位業奉核定並分別通知
在案，茲摘要報告如下：

（1）仍以一千噸為基數照十月份比例實施。

（2）運宜物資亦照上次規定。

（3）機油噸位除原比例百分之五外，在超額項
下暫先指定增撥 50 噸，共計 100 噸，仍歸
軍公各半。

（4）其他項下 3% 即卅噸分配如下：

甘肅油礦局汽油精	兩噸
英大使館新聞處公物	壹噸
教育部器材	壹噸
軍委會調查統計局電信器材	兩噸
廣播事業處器材	兩噸
軍委會政治部電信器材	兩噸
公路總局木炭爐	貳拾噸

五、公路總局提請十一月份時機油噸位曾至 20% 一
案，業經核定如上，此案應予保留。

B. 中航公司高主任報告

一、本月份運量

（甲）丁昆線截至廿三日止計有八一一噸一
〇〇公斤。

（乙）丁宜線自開運時起共飛六次，計十二噸
九十三公斤。

二、丁宜線運力未能充分發展之原因，係美軍不允帶足回程油料，但公司方面目前並無存油供給，此事已由曾部長函請總長交涉，聞已派陳參謀洽商中，在未得到結果之前，如欲此線暢通，擬請航委會撥借回程補充油料，將來內運問題解決後即可歸還。

主席提示：

可由中航公司正式函商委會核復。

三、廿四日有 61 號運輸機一架由丁江起飛時機件損壞，墜地焚毀。

乙、 討論決定事項

（一）財政部閻代表報告現有由美運來黃金五百七十萬兩（即約 200 餘噸）並有一二兩批到印十一月比例既經核定可否在超額項下增撥 50 噸以便連同本部已得噸位統籌配運並此項黃金運至宜賓案

決議：

一、據報告現時到印者為數不多，暫准隨時撥配，將來如有整批到達，再給固定噸位。

二、如須運至宜賓，則應在中央銀行噸位內撥讓。

（二）交通部航委會運祕處提議據沈總代表來電美供
　　　應部奉史迪威將軍令飭所有我國租借案項下航
　　　空器材以後悉歸美軍負責處理並分飭各區供應
　　　分處將現有器材撥歸軍部統籌集中等情應如何
　　　辦理案

決議：

簽請委座核示。

（三）交通司開送擬運宜賓物資兩項計十噸應在何機
　　　關項下酌讓案

決議：

十一月份在兵工署項下撥運。

（四）中航公司函請將奇潑小汽車四輛由印內運分交
　　　昆明宜賓兩站供接轉任務之用可否照運案

決議：

查此項車輛曾奉令規定專歸軍用，容再研究核辦。

（五）液委會盛組長提議到昆機油被扣請速交涉發
　　　還案

主席答復：

此事已於上星期提出交涉，應俟併案答復。

散會

軍事委員會運輸會議物資內運優先管制會議第三十八次會議紀錄

日期　民國 32 年 11 月 2 日下午 3 時

地點　祕書處會議廳

出席　錢大鈞　　　　　　項雄霄

　　　沈克非　　　　　　楊繼曾

　　　何墨林　　　　　　王景錄（許詒勳代）

　　　蔣易均　　　　　　周德鴻

　　　陳菊如　　　　　　童季齡（閻子素代）

　　　陳　璞　　　　　　李吉辰（高大經代）

　　　吳中林　　　　　　汪英賓

　　　吳競清（汪竹一代）　盛祖鈞

　　　徐允鰲

列席　陳廷縝　　　　　　程威廉

　　　許詒勳　　　　　　舒昌譽

主席　錢大鈞

紀錄　徐允鰲

甲、報告事項

（A）主席報告

　　一、宣讀上次會議紀錄。

　　二、上次討論事項第二案關於美軍總部令將航空
　　　　器材集中統籌問題，經簽奉批示本案已由航
　　　　委會簽報委座核示等因，仍請航委會將原文
　　　　抄送本處，以便答復沈總代表。

三、中航公司在宜賓撥借回程汽油案，已轉函航
　　委會核辦，應請連同借機運油案速復。

四、交通部前次會議提請將中央航空公司用油擬
　　作部料運入一案，經函外事局試洽結果，美
　　軍供應部表示仍難同意。

（B）航委會購料委員會周首席委員報告

一、中航公司擬向本會借機兩架運油案，聞周主
　　任已簽呈委座，不能同意。

二、在宜賓站撥借汽油案，尚未洽悉。

三、本會接宜賓站報告，現由定疆運宜物資，海
　　關方面發生手續問題，請予解決。

（C）交通部何司長報告

關於中國及中央兩航空公司用油內運問題：

一、美軍部同意在阿薩姆發售兩公司商用汽油，
　　前得運輸會議通知後，當經開送過去六個月
　　消耗量函復在案。

二、內運辦法前經提出三項，但未獲得結果

三、現在中央公司西北航線因缺油迫於停航，中
　　航公司昆明存油截至目前止亦只夠兩星期所
　　需，情勢嚴重，應請從速交涉。

（D）總長辦公室陳參謀報告

關於中國及中央兩航空公司用油消耗數字，曾經
提出在印購買，似無問題，惟內運仍屬困難，至
其商洽辦法有以下三點：

一、在內運載重量每機四千二百噸外是否可能多
　　帶油料，關係技術及合約規定載重，似可由

　　　　　中航公司加以研究。
　　　二、仍要求撥機兩架專運。
　　　三、由我方負擔運費，仍在合約機內載運。
　　　四、設如以上三項均難辦到，惟有請航委會協
　　　　　助救濟。
主席提示：
請陳參謀散會後將此事報告總長兩點：
（一）中央公司西北線已停航及中航公司昆明存油只
　　　敷兩星期之用。
（二）航委會簽呈委座不同意借機協助問題。
（E）中航公司高主任報告
　　　一、十月份中航機內運總額 1014 噸 75 公斤（內計
　　　　　丁昆線九七八噸五二四公斤、丁宜線三五噸
　　　　　五五一公斤）。
　　　二、上月廿六日又有 78 號運輸機一架由昆返丁
　　　　　途中，將近到達時忽遭墜損，所載人員及飛
　　　　　機師均告安全。
（F）中央銀行陳主任報告
　　　關於財政部在本行運宜噸位中撥運黃金，應請將
　　　此項缺額仍在定昆部份補足。
主席答復：
俟財政部正式函告，待運數量核定通知時，發補充說明。

乙、 討論決定事項

（一）運宜物資海關免稅手續應如何辦理案

主席指示：

每次將核定運宜物資範圍及噸位隨時通告財政部准予免稅放行，請閻代表轉洽關務署後再行決定。

（二）財政部請自十一月份起每月加撥鋼繩噸位廿噸案

決議：

留待下半月如有超額希望再行核辦。

（三）軍政部來函據交通司轉報 CDS 通信器材先須經由美軍核准配運影響國內補給應予提請交涉案

決議：

一、治本辦法：正擬定節略請由總長提向美方交涉，作整個解決。

二、治標辦法：請交通司、交通部即可根據沈總代表建議辦法，儘先開送清單在印就近洽辦，以免輾轉延誤。

散會

軍事委員會運輸會議物資內運優先管制會議第三十九次會議紀錄

日期　民國 32 年 11 月 9 日下午 3 時

地點　祕書處會議廳

出席　錢大鈞　項雄霄　　童季齡（閻子素代）

　　　陳菊如　沈克非　　蔣易均　周德鴻

　　　吳競清（汪竹一代）　何墨林（吳元超代）

　　　吳中林　楊繼曾　　盛祖鈞　徐允鰲

　　　李吉辰（高大經代）　王景錄（華壽嵩代）

列席　舒昌譽　許詒勳

主席　錢大鈞

紀錄　徐允鰲

甲、 報告事項

（A）主席報告

　1. 宣讀上次會議紀錄。

　2. 美軍總部允在阿薩姆配售中國及中央兩航空公司飛機油案，又徵得史迪威將軍函復同意，今後指定交通部為負責申請機關，如需購買即可逕洽辦理，至於內運問題又經總長去函交涉中。

　3. 到昆機油被扣問題，現據滇緬運輸局葛局長電告，悉全被西南路局美顧問泰勒接收之故，刻正以下列兩點向美方說明，繼續商洽之中：

　　（一）九、十兩月中航機共運入約 590 桶，除

> 泰勒先將零數 103 桶交還外，應在收足
> 之 1000 桶內繼續交出 498 桶，仍由美軍
> 機運入補足。
>
> （二）嗣後由中航機運供各機關之機油到昆
> 後，應由滇緬路局空運站會同液委會代
> 表接收。

（B）中航公司高主任報告

　　1. 本月一日至七日運量 160 噸 65 公斤。

　　2. 前被美方扣去之汽油 162 桶刻已發還，故昆
　　　明方面之消耗量勉強可維持至十一月底。

　　3. 定宜線因無回程油料補充，暫告停航。

（C）財政部閻代表報告

　　1. 第卅七次會議紀錄關於黃金內運方法議案第
　　　一項「據報現時到印者為數無多，暫准隨時
　　　撥配，將來如有整批到達，再給固定噸位」，
　　　其中「暫准隨時撥配」句，擬請酌改為「暫准
　　　隨時照需要量撥給內運噸位」。

主席答復：

可研究酌改。

　　2. 上次會議奉主席指定本席向關務署洽商空運
　　　到宜物資免稅驗收問題，經商定兩點如下：

> （一）由財部頒發現用一個月或兩個月長期
> 護照，先載明每期假定內運箱件數量，
> 於每次運到時核實註銷，先予放行，
> 事後補辦免稅手續。

（二）指定負責機關遴派大員駐宜專負接收此
項物資之責，而接收所派人員姓名印鑑
由軍委會行知財政部飭關遵照，對於到
宜進口物資除有護照或專案飭關驗放者
外，悉憑該專員隨時簽證放行，事後補
辦各項手續。

（D）兵工署楊司長報告

1. 空運不甚穩定，似有與美方商洽必要，以期便
於各項工作之推動。

2. 由宜至渝接運事宜，據招商局負責人稱該局並
無船隻可駛宜渝，現僅洽妥三北公司船隻，民
生公司是否願為承運尚有問題，似此情形將來
恐難達成隨到隨運之目的，因而本署無法與
招商局訂立合約，深望主管機關迅即採取切
實具體辦法，俾使配合實際需要。

（E）交通部吳幫辦報告

關於楊司長所提兩點解釋如下：

1. 空運不甚穩定，其原因乃為缺乏回程油料，
現得非正式消息關於航空公司用油內運問題，
美方可能同意三項辦法中之一項。

2. 招商局為國營機關，故對宜渝接運事宜當以交
由該局掌握為合理，現正籌商具體辦法之中。

乙、 討論決定事項

（一）空運到宜物資免稅驗放手續應照何項辦法為
　　　妥案

決議：

按照閻代表報告第一項手續辦理。

（二）財政部提議到印黃金六批（共計六噸）已在所
　　　得噸位中提先運宜擬請補給噸位以便分別撥運
　　　此外急要物資案

決議：

本月份運量有減弱趨勢，應暫保留至下次再提。

（三）外事局函請將購存狄卜魯加水箱一只計重 456 磅
　　　為供招待外賓所需因體重關係客機無法載運請
　　　准在運輸機內配運案

決議：

准電周區代表在中航機其他項下酌配內運。

（四）交通部提議公路總局在美訂製木炭爐續有 250 套
　　　在運印途中可否洽商美軍機代運案

決議：

仍在中航機內分月撥運。

（五）財政部閻代表提議宜賓站待運出口之茶葉卅頓
　　　因回程機須優先載運豬鬃故未運出而有糜爛之
　　　虞可否在宜就地售脫再設法續運案

決議：

可先就地售脫後再趕運準備。

散會

軍事委員會運輸會議物資內運優先管制會議第四十次會議紀錄

日期　民國 32 年 11 月 16 日下午 3 時

地點　祕書處會議廳

出席　錢大鈞　項雄霄　潘光迴　徐允鰲

　　　沈克非　陳　璞　陳菊如　楊繼曾

　　　周德鴻　金士宣　童季齡（閻子素代）

　　　何墨林（吳元超代）　　汪英賓

　　　吳競清（汪竹一代）　　李吉辰（高大經代）

　　　王景錄　吳中林　　　蔣易均（唐振式代）

　　　劉傳書（程威廉代）　盛祖鈞

列席　舒昌譽　許詒勳

主席　錢大鈞

紀錄　徐允鰲

甲、報告事項

A. 主席報告

1. 宣讀上次會議紀錄。

2. 據周區代表電稱十一月份中航運量因受各種影響，只能暫運八百噸基數配備。

3. 到昆機油被西南路局美顧問泰勒接收部份，業經數度交涉，已得該局同意允將再在 1000 桶整數中用中航機運入者約 490 桶照數提撥，此事已通知各有關機關洽辦，至西南路局此項缺額仍歸美軍機陸續運供。

4. 關於存印物資之管理儲運撥讓等改善問題，現准
史迪威將軍十一月十二日函復略稱，接獲總長十一
月四日去函建議方案，其中有多項均甚恰當，惟欲
於十一月十六日起實行一節，因涉及詳細辦法甚
多，故不可能，當迅速詳加研究後再行答復。

B. 中航公司高主任報告

1. 本月運量截至十四日止 306 噸 128 公斤。

2. 一日至十一日空飛回程機六架。

C. 兵工署楊司長報告

中航運量突然銳減，美軍機原規定每月可代本署內
運之 300 噸亦不甚可靠，照此情形殊虞不克達成奉
命增產任務，問題嚴重，似須設法調整以免誤事。

主席答復：

報告總長核示。

D. 中央銀行陳主任報告

本月運量減損，影響鈔券配備計劃，擬請准在總運
量一千噸以下時，仍維持運足一百六十噸。

主席答復：

視下月情形酌為調整

E. 財政部閻代表

1. 上次紀錄本席報告第一項關於黃金內運案，請求
改為「暫准隨時照需要量撥給內運噸位」句，仍
請照改。

主席答復：

可改為「暫准隨時撥給內運噸位」。

2. 上次紀錄本席報告第二項之（一）「由財政部頒
發」句，應請改為「由物資機關頒發」。

主席答復：

關於到宜物資免稅驗放案，應正式行文知照。

乙、討論決定事項

（1）孔副院長及財政部分別來函請自十一月份起額外
增撥鋼繩噸位案

決議：

本月運量不但無超額希望，且距預定基數甚遠，仍以所
得噸位儘先趕運，再於下月份如運量有增，酌予調整。

（2）周區代表來電甘肅油礦局美購汽油精廿九噸業已
運出擬於到印時除還英方撥借數（至十月份共約
八噸）外請作一次內運案

決議：

原則可照辦，惟仍應予到達時再行來電，以便在該月份
其他項下統籌核記。

（3）財政部來函待運美國華僑各種債票約計兩噸半擬
請准給優先噸位洽包中航機由渝運加案

決議：

仍照十三次會議決定原案，可先車運昆明後，准洽回程
機運加。

散會

軍事委員會運輸會議物資內運優先管制會議第四十一次會議紀錄

日期　民國 32 年 11 月 23 日下午 3 時

地點　祕書處會議廳

出席　錢大鈞　　　　項雄霄

　　　潘光迥　　　　陳菊如

　　　吳競清　　　　童季齡（闇子素代）

　　　蔣易均（唐振式代）楊繼曾

　　　周德鴻（孫振先代）何墨林（吳元超代）

　　　吳中林　　　　沈克非

　　　汪英賓　　　　金士宣

　　　李吉辰（高大經代）陳　璞

　　　王景錄（許詒勳代）劉傳書（程威廉代）

　　　徐允鰲

主席　錢大鈞

紀錄　徐允鰲

甲、 報告事項

（A）主席報告

 1. 宣讀上次會議紀錄。

 2. 滇緬路局葛局長皓電報告，巧夜因天雨視線不明，中航貨機及美軍機失事情形。

 3. 接史迪威將軍函告，關於中國及中央兩航空公司在印購運汽油之辦法，經同意兩點：

  （一）同意兩公司在印每月購買商用飛機油

共 200 噸，以 75 噸留印使用，以 125 噸
運入國內（中航公司承辦定宜線運輸補
充油料亦包括在內）。

（二）兩公司所購上項汽油得在租借法案運
輸機內配運，但公司方面應同意每噸汽
油之運入，償付美軍總部供應處美金
一百五十元。

（B）中航公司高主任報告

　　1. 本月一日至廿日運量 418 噸 247 公斤。

　　2. 十八日運輸機兩架由定飛昆先後失事經過。

　　3. 關於運輸機之飛航有於最近恢復常態之可能。

（C）交通部金參事報告

　　運輸機屢遭失事，空運維持困苦，應對中航公司
　　予以關切。

（D）交通部吳司長報告

　　鐵路材料國內存貨已罄，近向美國申請租借，原
　　則上表示同意，惟證明將來到印時是否可能內運
　　方得起運來華，故特提請予以協助。

乙、 討論決定事項

（一）十二月份中航機內運噸位調整案

決議：

1. 暫以 700 噸為基數，並作為上半月實施之標準，屆
　時運量如有增強，可能再調整下半月之噸位。

2. 比率之修正，除鈔券增為百分之廿，其他增為百分
　之四，交通部與交通司各暫減為百分之十，及軍需

品減為百分之四外，餘悉照舊。

3. 其他項下以半個月計算，只能作為十四噸，另案核配。

（二）交通部提請優先配運中國及中央兩航空公司飛機汽油案

決議：

視各項物資需要情形酌為配運。

（三）兵工署開送本年一月至十月空運兵工原料統計表請自下月份起增加中航比率案

決議：

1. 中航機部份只能照所得比率先運足。

2. 美軍機部份自七月份起即未運入，應簽請總長向美方交涉。

（四）財政部來函關於急要鈔券材料內運噸位如每批通知優先會議核配迫不及待請照隨到隨運之原則轉知承運部份於每批到達時即可逕行洽運案

決議：

原則可照辦，惟目前無額外噸位可撥，仍在中央銀行及財政部所得比率中儘先內運。

（五）兵工署楊司長提請將超額噸位悉數補給兵工原料案

（六）財政部閻代表提議關於鋼繩之需要每月至少卅噸除以所得比率悉數趕運外應請額外增撥案

（七）軍需署吳司長請保留軍需品原有比率百分之五案

主席答復：

俟下半月併案調整。

（八）中國紅十字總會來函西非紅十字會贈送疫苗十
　　　二箱已有五箱到加請撥噸位內運案

決議：

請在衛生署噸位內核撥，並復該會開單逕洽。

丙、 主席提示事項

中航公司運油問題現已解決，應即復定宜線貨運。

散會

軍事委員會運輸會議物資內運優先管制會議第四十二次會議紀錄

日期　民國 32 年 11 月 30 日下午 3 時

地點　祕書處會議廳

出席　項雄霄　　　　　　　　潘光迥

　　　周德鴻（孫振先代）　　陳菊如

　　　童季齡（閻子素代）　　盛祖鈞

　　　吳競清　　　　　　　　金士宣

　　　陳　璞（施震球代）　　沈克非（舒昌譽代）

　　　楊繼曾　　　　　　　　李吉辰（高大經代）

　　　汪英賓　　　　　　　　蔣易均（唐振式代）

　　　王景錄　　　　　　　　何墨林（吳元超代）

　　　吳中林（陳雲僑代）　　徐允鰲

列席　程威廉　　　　　　　　許詒勳

主席　項雄霄

紀錄　徐允鰲

甲、報告事項

（A）主席報告

　　1. 宣讀上次會議紀錄。

　　2. 十二月份上半月中航機其他項下十四噸，業經另案核定優先配運中航公司及中央公司飛機油，並已分別通知在案。

（B）中央銀行陳代表及財政部閻代表報告

　　關於上次決議事項第四案，該項運餘噸位當時主

席有允在隨後撥還之意，應請在「儘先內運」句
下加註說明。

主席答復：

可添加「隨後再謀撥還」句。

（C）中航公司高主任報告

　　1. 十一月份運量截至廿七日為止五六四噸一四五
　　　公斤，內中運至宜賓者一〇噸三五公斤。

　　2. 准郵政總局來函以丁宜線開航後，擬由運輸
　　　機帶運國際郵件案，已復請該局逕洽運輸會
　　　議核辦。

（D）交通部吳司長報告

　　關於本部向美申請租借物資，因附屬部門較多，
　　在過去對於箱記標誌籠統不明，刻正提請美方加
　　註符號，俟獲得同意再正式報告。

（E）交通司王司長報告

　　本司內運物資比率歷次修減，影響工作之配備甚
　　鉅，而軍用通訊關係重要，以後不論運量之如何
　　增減，希望予以持平調整。

（F）經濟部唐代表報告

　　原定在其他項下每月內運甘肅省油礦局汽油精兩
　　噸，因關係汽油成份之提煉，不能中斷，仍請照
　　常配運。

乙、 討論決定事項

（一）奉交委座電令並孔副院長來函囑遵撥鋼繩噸位
　　案，經奉總長核定運濟辦法兩項如下：

1. 請財政部將不急要之物資暫停配運，以所得
   2% 噸位悉數趕運鋼繩。
2. 在十二月份商請經濟部於所得 5% 噸位中借撥
   十噸運濟財部鋼繩，以後運量敷餘仍由財部
   歸還。

決議：

照核定辦法通過，但經濟部代表要求仍須在遇有超額噸
位時優先撥還。

（二）公路總局提請按月額外增撥機油貳拾噸以應急
　　　需案

決議：

1. 十二月份下半月其他項下不論運量增減，除配給甘
   肅油礦汽油精兩噸外，其餘噸位酌配中航、中央兩
   公司飛機油，並增撥機油若干藉資補充，此外零星
   物資（英使館公物一噸、廣播器材兩噸、教育部器
   材一噸、調查統計局及政治部電訊器材各兩噸），
   在未增強基數前一律暫停。
2. 此外補救辦法請交通司及交通部在所得固定比率中
   酌運機油，俟基數有增再作適度調整。

註：

液委會盛組長申明到昆機油除被扣而已准發還尚未收
足者外，目前到達者均經隨時按照軍公各半原則分別
轉交。

（三）中航公司來函為丁宜航線運輸機可否載運國際
郵件請核示案

決議：

事關郵政，請中航公司逕呈交通部核辦。

（四）軍需署來函為本署在印物資甚夥歷時既久均將
霉爛請撥增撥內運噸位案

決議：

仍須於運量增強時併案調整。

（五）兵工署楊司長提議丁宜線究於何時復航再如開
航後對於運宜物資案之噸位及比率是否有更動
應請重行決定案

高主任答復：

丁宜線之恢復與否，仍為補充油料之運濟尚無具體辦
法，公司方面認為如照每月 300 噸運量計算，能有 50
噸回程油料之準備即可開航，其辦法似可於每機內飛
時，業運汽油兩桶至宜賓。

主席提示：

1. 復航時之優先物資及其比率仍照原規定施行。

2. 丁宜線之開航準備，應請中航公司作一確實計劃送核。

散會

軍事委員會運輸會議物資內運優先管制會議第四十三次會議紀錄

日期　民國 32 年 12 月 7 日下午 3 時

地點　祕書處會議廳

出席　錢大鈞　　　　　　　　項雄霄

　　　王景錄　　　　　　　　楊繼曾

　　　汪英賓　　　　　　　　吳競清

　　　何墨林（吳元超代）　　吳中林

　　　沈克非　　　　　　　　蔣易均（包新第代）

　　　童季齡（閻子素代）　　金士宣

　　　陳菊如　　　　　　　　李吉辰（高大經代）

　　　劉傳書（程威廉代）　　周德鴻（孫振先代）

　　　盛祖鈞　　　　　　　　徐允鰲

列席　舒昌譽　　　　　　　　許詒勳

　　　程威廉　　　　　　　　郭可詮

主席　錢大鈞

紀錄　徐允鰲

甲、報告事項

（A）主席報告

　　　宣讀上次會議紀錄。

（B）中航公司高主任報告

　　　1. 十一月份總運量 642 噸 984 公斤。

　　　2. 十二月份一日至五日運量 134 噸 107 公斤。

（C）經濟部包代表報告

　　上次會議紀錄決議案一之二項，關於財政部在本月份向經濟部噸位中借撥十噸運濟鋼繩案，如未通知執行，應請書面徵求經濟部同意，否則仍請核定如何撥還之具體辦法。

主席答復：

有超額時酌予撥還。

（D）兵工署楊司長報告

　　兵工原料為作戰必需物資，截至本年十月為止，供應各工廠者利用國內存料佔居百分之八十，而賴空運補給者僅百分之廿，現時存料將罄，若不增加內運噸位深恐難於維持，除支配超額時應請顧及外，至如明年度起美軍機方面若再無力協運，則將要求中航機內對兵工原料之比率至少有百分之五十。

（E）交通司王司長報告

　　在總運量跌減時不能再將比率減少，而使更難配備，本月運量似有起色，可否仍恢復 12% 原有比率。

（F）交通部金參事報告

　　本月份運量似有超額希望，可否將增給鈔券部份 2% 抽出歸還交部司及本部，如鈔券噸位實感不敷時，再設法借撥。

（G）軍需署吳司長報告

　　軍需品噸位本月份改定 4% 自應遵照，惟現在距離實際需要甚遠，擬請在超額噸位酌予補給。

（H）衛生署沈副署長報告

> 醫藥噸位中於本月上半月原允以其七噸撥運鈔券，但本月總運量似有增加，擬請予歸復，以便保持 6% 原比率。

乙、主席提示事項

1. 各機關每月依照所得比率提運之物資，除將詳單通告其駐印代表外，同時應送本處審核。

2. 本月份是否有超額噸位目前尚難決定，須視半月以後之成績如何，可於四十五次（本月廿一日）會議時再行商討。

丙、討論決定事項

1. 祕書處提議十二月份下半月中航噸位擬仍照七百噸基數及上半月修改比率實施案，並請將其他項下十四噸根據上次決定原則分配如下：
   一、甘肅油礦局汽油精　　兩噸
   二、中航公司飛機油　　　六噸
   三、中央公司飛機油　　　兩噸
   四、汽車用機油　　　　　四噸

決議：

通過。

2. 祕書處提議定宜線如須復航中航公司估計每月必須有五十噸回程補充油料準備存宜應如何運濟案

決議：

如半月後確有超額噸位，准優先運儲。

3. 中航公司來函以改為夜航後昆明站任務繁重原有電
   台設備較差不足應付在印備就大型電台機件約卅一
   噸擬請內運案

決議：

俟運量增加時再核。

4. 公路總局程科長提議此次在其他項下所配機油四噸
   原係本局所請擬仍現定專歸本局使用案

主席答復：

仍歸軍公各半，該局所請撥者俟商討超額時再核。

散會

軍事委員會運輸會議物資內運優先管制會議第四十四次會議紀錄

日期　民國 32 年 12 月 14 日下午 3 時

地點　祕書處會議廳

出席　錢大鈞　　　　　　　項雄霄

　　　潘光迥　　　　　　　楊繼曾

　　　陳　璞　　　　　　　周德鴻

　　　童季齡（閻子素代）　沈克非（舒昌譽代）

　　　蔣易均（包新第代）　陳菊如

　　　李吉辰（高大經代）　金士宣

　　　汪英賓　　　　　　　吳競清

　　　何墨林（李振先代）　吳中林

　　　劉傳書　　　　　　　王景錄

　　　徐允鰲

列席　陳廷縝　　　　　　　程威廉

　　　許詒勳　　　　　　　繆　通

主席　錢大鈞

紀錄　徐允鰲

甲、報告事項

（A）主席報告

　　1. 宣讀上次會議紀錄。

　　2. 前據兵工署報告，美軍機自本年七月份起即未照運原定兵工原料噸位，業經函准史迪威將軍十二月六日答復略以維持各兵工廠之生產，深

悉其重要，當保證盡最大努力增加空運噸位，以期達成預定兵料內運標準。

3. 財政部函復關於由印空運到宜軍公物資海關驗放手續已照決議辦法，先行電知總稅務司及緝私署，俟各物資機關來部商定實施手續後再行飭遵等由，此事應請各機關迅速洽辦。

（B）中航公司高主任報告

1. 本月運量至十一日止 311 噸 978 公斤，其中運至宜賓者二噸 40 公斤。

2. 現時共有運輸機共○○架，至其補充辦法根據宋部長以前來電每月撥給○架，至本年十二月底止並獲得非正式消息，此項補充辦法或可展期至明年十二月為止。

3. 接定疆報告，昨日有空襲，損失未詳。

乙、 討論決定事項

一、祕書處提議關於定宜線復航補充油料運儲辦法：

（甲）定於本月十六日復航，並規定第一日以五機優先運儲中航飛機油十噸至宜賓，第二日開始貨運，但如第一日不能實行五機飛宜時，則仍准續運足額後再開始貨運。

（乙）上項汽油可作經常儲宜，有備無患之需，此後即於每架貨機內常運兩大桶，並准予開始貨運時實行。

（丙）上項儲宜汽油專供補充運機來回消耗不敷所需，不得移用於客運，並由中航公司將

　　　　　實用數量按旬列表提會報告，如遇敷餘或
　　　　　欠缺時再核實調整，並如運輸情況有變遷
　　　　　時，亦當隨時酌改其辦法。

決議：

通過。

二、祕書處提十二月中航機總量有達到 900 噸之可能，
　　則其超額應以 200 噸計算，除去中航運宜汽油十噸
　　外，所餘 190 噸擬支配如下：

　　1. 兵工原料
　　　　九○噸　連同原比例 30%，運足 300 噸

　　2. 鈔券
　　　　二○噸　連同原比例 20%，運足 160 噸，醫藥
　　　　部份借與之噸位仍逐行抽還

　　3. 機油
　　　　二○噸　連同原此例及其他項下所配四噸，共
　　　　運 59 噸

　　4. 經濟部物資
　　　　一○噸　即撥還借運鋼繩噸位

　　5. 交通司物資
　　　　五噸　連同原比例運足 75 噸

　　6. 交通部物資
　　　　五噸　同上

　　7. 軍需物資
　　　　五噸　連同原比額運足卅三噸

　　8. 急要鈔券器材
　　　　五噸　撥外已運噸位仍由中央銀行自動調劑

9. 中國航空公司飛機油

廿五噸　連同其他項下已配噸位共運四十一噸
（運宜部份除外）

10. 中央航空公司飛機油

五噸　連同其他項下已配噸位共運十一噸

決議：

通過。

三、航委會衛生署軍需署財政部各代表提請增撥超額
　　噸位案

主席答復：

俟下次會議時如有超出 900 噸之可能，再酌配。

四、交通司王司長交通部金參事提請於修訂明年一月
　　份比例時要求恢復交通器材本年度最高比例案

主席答復：

待於修訂時視情形酌辦。

五、中航公司請運天墩壩及昆明站改裝所需電台設備案

決議：

俟下月運量再定。

六、交通部來函以經向美國租借法案項下申請鐵路急
　　料一批約 1000 噸係供三十三年份應用請證明空運
　　噸位以便依據交涉案

決議：

請交通部考慮空運情況酌誠申請數量見復後再憑酌辦。

散會

軍事委員會運輸會議物資內運優先管制會議第四十五次會議紀錄

日期　民國 32 年 12 月 21 日下午 3 時

地點　祕書處會議廳

出席　錢大鈞　項雄霄　童季齡（閻子素代）　潘光迴

　　　沈克非　陳璞　陳菊如　周德鴻　　吳競清

　　　蔣易均（包新第代）　　何墨林（李振先代）

　　　汪英賓　金士宣　李吉辰　王景錄　　楊繼曾

　　　盛祖鈞　劉傳書（程威廉代）　　　徐允鷟

列席　許詒勳　舒昌譽　繆通

主席　錢大鈞

紀錄　徐允鷟

甲、 報告事項

（A）主席報告

　　1. 宣讀上次會議紀錄。

　　2. 美軍機十一月份內運優先優先程序（略）。

（B）中航公司高主任報告

　　1. 本月運量截至十九日止 510 噸 623 公斤，但其中十八、十九兩日因昆明有空襲，無機飛行。

　　2. 定宜線於十八日開始，但當時由定出發五架中，適逢氣候不良，除三架折回外，有兩架不幸墜損，十九日仍照常飛航。

　　3. 基於空襲等原因，油料之消耗補充更感不敷，請對本公司運油噸位在一月份起必須增加，

又如昆明電台設備為使通航安全，希望及早運入，以便處置。

（C）航委會周首席委員報告

本會待運急料甚多，應請查照上次決議，仍在本月超額內增配噸位，否則希望在一月份內將本會此例增加。

（D）交通司王司長報告

機油用途原不止於軍公車，即擔任軍運各商車亦必須供給使用，照現時內運噸位距離實際所需甚遠，仍請予相當期間特別設法內運。

（E）中央銀行陳主任報告

鈔券用途年度預算已增加一倍，請對空運噸位酌予增撥。

乙、 討論決定事項

一、祕書處提議修訂明年一月份中航機內運物資比率案

三十三年一月份中航機內運物資比率案

程序	物資類別	百分比	說明
1	兵工原料	30%	兵工署物資
2	鈔券及其器材	16%	中央銀行物資
3	航空器材	4%	航委會物資
4	軍用交通通訊器材	12%	交通司物資，包括汽車配件
5	汽車機油	3%	軍公運輸各半
6	醫藥及其器材	6%	軍醫署、衛生署各佔 3%
7	交通通訊器材	12%	交通部物資，包括汽車配件
8	軍需被服	5%	軍需署物資
9	工業器材	5%	經濟部物資
10	鹽務器材及其他	3%	財政部物資，包括黃金噸位
11	客量飛機油	3%	內分中國航空公司 2¼ 中央航空公司 0¾
12	其他	1%	臨時支配物資

附記

1. 運宜物資仍包括在內，並照 300 噸之運量分配兵料 200 噸、鈔券 60 噸、航空器材 4% 全部。

2. 兵料與鈔券如因基數低減而未能達成最低限度時，准以超額或不及趕運之噸位補給，並應優先運足兵料，次及鈔券。

3. 中航公司宜賓線所需補充油料，仍照每機帶運兩桶辦法包括於運宜物資噸位內。

4. 汽車機油如感不足，則仍由交通司及交通部所得噸位內自行增撥。

右表暫以一千噸為基數，如因變故而未能達成時，則仍按率折減。

決議：

通過。

（二）財政部閻代表提

關於到印急要鈔券器材仍請依照原議除由中央銀行及本部所得噸位中儘先內運外准再隨時撥還案

主席答復：

可在其他項下分月酌量撥還。

散會

軍事委員會運輸會議物資內運優先管制會議第四十六次會議紀錄

日期　民國 32 年 12 月 28 日下午 3 時

地點　祕書處會議廳

出席　項雄霄　　　　　　　　潘光迴

　　　沈克非（舒昌譽代）　　汪英賓

　　　李吉辰（高大經代）　　楊繼曾

　　　童季齡（閻子素代）　　蔣易均（包新第代）

　　　劉傳書（程威廉代）　　吳中林

　　　陳　璞　　　　　　　　何墨林（李振先代）

　　　周德鴻（孫振先代）　　陳菊如

　　　王景錄（許詒勳代）　　徐允鰲

　　　盛祖鈞

列席　繆　通　　　　　　　　程威廉

　　　許詒勳　　　　　　　　舒昌譽

主席　項雄霄

紀錄　徐允鰲

甲、報告事項

（A）主席報告

　　　宣讀上次會議紀錄。

（B）中航公司高主任報告

　　　1. 本月份運量截至廿五日止 684 噸 20 公斤，內中運至宜賓者 53 噸 723 公斤。

　　　2. 丁宜線貨機如因天氣關係，必須轉至昆明卸

貨時，其所帶運之飛機油亦須同時卸下，擬
即就近撥作客運之需，並在本公司每月運昆
油料噸位中扣除。

3. 自本月十八日起至廿六日止，隨機運宜飛機
油共 4,348 加侖，除添用 2,201 加侖外，尚存
2,147 加侖（約合七噸），此後當按規定每旬報
告一次。

乙、 討論決定事項

（一）祕書處提議支配一月份中航機其他項下各類物
資案

1. 甘肅油礦局汽油精　　　　　兩噸
2. 廣播處廣播器材　　　　　　兩噸
3. 英大使館公物　　　　　　　一噸
4. 政治部電影器材　　　　　　兩噸
5. 軍委會調查統計局電訊器材　一噸
6. 中央通訊社電訊器材　　　　一噸
7. 教育部教育用品　　　　　　一噸

上項器材係以一千噸基數計算，如因總量不足
則須依後列程序遞減。

決議：

通過。

（二）中航公司續請內運奇潑車三輛以應昆明及宜賓
兩機場使用案

決議：

酌准內運二輛，分撥昆明及宜賓兩機場。

（三）經濟部來函部關於永利化學公司器材內有急切
　　　需要者約卅噸本部無力配運擬請專撥噸位案

決議：

目前基數跌減，無專撥噸位可能，仍請經濟部為其酌
運，否則應俟運量有增時再撥。

（四）財政部函請由印內運鋼繩改卸宜賓案

決議：

運宜物資噸位有限，無法支配，此項鋼繩仍運昆明。

散會

民國史料 78

駝峰生命線──
抗戰時期印緬物資內運紀錄
（1942-1945）上冊

The Hump: Historical Documents of
Inward Transport from India and Burma,
1942-1945 - Section I

編　者	民國歷史文化學社編輯部
總編輯	陳新林、呂芳上
執行編輯	林弘毅
封面設計	溫心忻
排　版	溫心忻
助理編輯	李承恩

出　版　🛡️開源書局出版有限公司

香港金鐘夏慤道 18 號海富中心
1 座 26 樓 06 室
TEL：+852-35860995

民國歷史文化學社 有限公司

10646 台北市大安區羅斯福路三段
37 號 7 樓之 1
TEL：+886-2-2369-6912
FAX：+886-2-2369-6990

http://www.rchcs.com.tw

初版一刷　2022 年 12 月 30 日
定　價　新台幣 420 元
　　　　港　幣 115 元
　　　　美　元 16 元
ISBN　978-626-7157-71-8
印　刷　長達印刷有限公司
　　　　台北市西園路二段 50 巷 4 弄 21 號
　　　　TEL：+886-2-2304-0488

國家圖書館出版品預行編目 (CIP) 資料
駝峰生命線：抗戰時期印緬物資內運紀錄 (1942-
1945) = The hump : historical documents of
inward transport from India and Burma 1942-
1945/ 民國歷史文化學社編輯部編 . -- 初版 . --
臺北市 : 民國歷史文化學社有限公司 , 2022.12

　　冊；　公分 . -- (民國史料 ; 78-79)

ISBN 978-626-7157-71-8 (上冊 : 平裝). --
ISBN 978-626-7157-72-5 (下冊 : 平裝)

1.CST: 中日戰爭　2.CST: 軍事運輸　3.CST: 史料

628.58　　　　　　　　　　111020255